天津电力市场
直接交易 规范指引

天津电力交易中心有限公司　组编

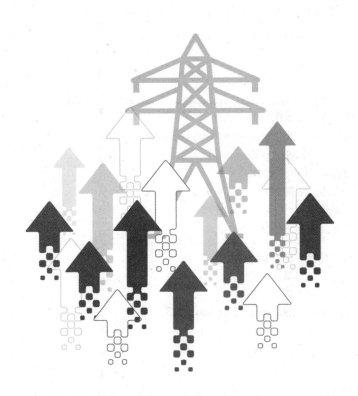

中国电力出版社
CHINA ELECTRIC POWER PRESS

内 容 提 要

本书围绕天津电力市场运营发展，通过通俗易懂的语言，为读者深入浅出地分析天津电力市场机制，引导市场主体合法合规参与电力市场交易，保障天津电力市场平稳有序发展。

本书共 6 章。第 1 章为电力市场概述；第 2 章为电力市场政策及规则解读；第 3 章为天津电力市场概况；第 4 章为天津电力市场运营规则；第 5 章为天津电力市场主体平台实操介绍；第 6 章为新型电力市场建设途径展望与探索。

本书可供天津电力市场主体在电力交易方面答疑解惑，也可供从事电力交易的相关人员培训使用。

图书在版编目（CIP）数据

天津电力市场直接交易规范指引 / 天津电力交易中心有限公司组编 . —北京：中国电力出版社，2022.8

ISBN 978-7-5198-6881-9

Ⅰ.①天… Ⅱ.①天… Ⅲ.①电力市场 - 市场交易 - 天津 Ⅳ.① F426.61

中国版本图书馆 CIP 数据核字（2022）第 138731 号

出版发行：中国电力出版社
地　　址：北京市东城区北京站西街 19 号（邮政编码 100005）
网　　址：http://www.cepp.sgcc.com.cn
责任编辑：崔素媛（010-63412392）
责任校对：黄　蓓　常燕昆
装帧设计：郝晓燕
责任印制：杨晓东

印　　刷：望都天宇星书刊印刷有限公司
版　　次：2022 年 8 月第一版
印　　次：2022 年 8 月第一次印刷
开　　本：710 毫米 ×1000 毫米　16 开本
印　　张：10.5
字　　数：167 千字
定　　价：58.00 元

版 权 专 有　侵 权 必 究

本书如有印装质量问题，我社营销中心负责退换

编 委 会

主 任　蒋菱

副主任　王旭　王子斌　张志刚　李德民

委 员　王中荣　林晔　邢立功　鲍洁　畅雅迪
　　　　李伟

编 写 组

主 编　鲍洁

副主编　王颖　白涛　夏冬

参 编　陈文福　李亚西　王鹏飞　于丽雅　孟伟
　　　　刘畅　陈禹　刘敦楠　马同涛　李根柱
　　　　张晓彤　张景淇

前　言

2015 年 3 月，中共中央、国务院《关于进一步深化电力体制改革的若干意见》（中发〔2015〕9 号）下发，标志着新一轮电力体制改革的开启。按照"管住中间、放开两头"的体制架构，实行"三放开一独立三强化"。按照中央和市政府的有关文件要求，天津电力交易中心有限公司（以下简称"天津电力交易中心"）在天津电力市场化改革方面做出了积极努力。

2016—2020 年，天津电力交易中心共组织完成直接交易电量 473 亿千瓦·时，特别是 2020 年首次实施燃煤燃气配比交易，有效破解燃气电进入市场难题。天津电力交易中心不断推动"疆电入津""晋电入津"等协议落地支持西部省份发展，为政府工作大局提供了有力支撑。

2021 年 10 月，国家发展改革委《关于进一步深化燃煤发电上网电价市场化改革的通知》（发改价格〔2021〕1439 号）发布，我国电力市场从此进入了市场化改革的大跨步时代。天津电力交易中心秉承着培育良好市场环境的原则，落实国家改革政策，积极推动电力直接交易、电网代理购电、发电权与合同转让交易等多类型交易，积极服务电力市场用户与发电企业，保障天津电力市场平稳过渡，充分体现了电力交易中心在保障电力市场平稳有序发展中的重要作用。

随着电力体制改革的不断深入，天津市场化交易规模不断扩大，电力市场将呈现多类型、多模式、多层次的特点，交易主体更加多样，电力交易品种更加丰富，涵盖年度交易、月度交易、月内交易、现货交易等各类中长期、短期交易，各主体之间的利益关系更为复杂，市场机制也在实际工作中不断更新完善。为了保障天津电力市场平稳运行，提升市场交易效率，促进市场主体全面了解市场交易规则，开展电力直接交易相关的培训工作显得尤为重要。

本书的编写旨在帮助市场主体更好地了解电力市场交易相关理论知识，全面掌握天津电力市场直接交易机制，指导市场主体合法合规的参与电力市场化交易，解决实际工作中遇到的相关问题。本书共6章，第1章简要介绍了电力市场的基本理论和我国电力体制改革已取得的经验和成果。第2章梳理和分析了国家层面以及天津电力市场相关政策。第3章着重介绍天津电力市场整体概况，包括天津电力市场供需情况、建设情况、交易情况等。第4章重点介绍了天津电力市场运营规则。第5章为天津电力市场主体提供了参与交易的实操指南。第6章依据国家"碳达峰碳中和"目标与新型电力系统建设要求，结合天津电力市场发展现状，对新型电力市场建设进行了展望。

限于时间和作者水平，疏漏在所难免，欢迎广大读者批评指正。

作　者

2022 年 6 月

目　　录

第1章　电力市场概述

电力市场与普通商品市场相比具有特殊性，其特殊性体现在电力商品的特殊性，既有即发即用、难以储存、对系统稳定运行要求高等物理特性，也有特殊的社会属性。本章电力市场概述包含 4 个小节。首先对电力市场的定义与构成进行初步解释；接着从成本、交易、价格等方面对电力市场涉及的基本理论做出详细解释；然后介绍美国、欧洲国家等国外成熟的电力市场建设情况；最后深入分析我国电力市场发展历程。本章旨在帮助读者更全面地了解电力市场基础知识，明晰我国电力市场发展现状，更快速地参与电力市场交易工作。

1.1　电力市场简介

1.1.1　电力市场定义

电力市场有广义和狭义两种含义。

广义的电力市场是指电力生产、传输、使用和销售关系的总和。狭义的电力市场即指竞争性的电力市场，是电能生产者和使用者通过协商、竞价等方式就电能及其相关产品进行交易，通过市场竞争确定价格和数量的机制。

从经济学的角度来看，电能（包括功率与能量）是可供购买、销售并进行交易的商品。电力市场是一个能够出价购买、开价销售的系统。通常以财务或凭证交换的方式进行采购与短期交易，依循供需法则决定价格。长期交易合约则类似购电合约，普遍被认为是私人间的双边交易。

从商品属性角度来看，电能的生产、流通及消费几乎是瞬间同时完成，不能大量存储，电力供需必须保持严格的实时平衡，任何扰动都可能影响电力的实时平衡。为了确保电能的供应安全，需要设立专门的电力调度机构对电力平衡采取强有力的、精确的过程控制，确保电力系统的稳定运行。同时电力工业既是影响国民经济的基础产业，又是公共事业，对社会稳定运行起着重要作用。

1.1.2　电力市场组成要素

竞争性电力市场具有开放性、竞争性、计划性和协调性。电力市场的运行离不开其关键要素，包括市场主体、市场客体、市场载体、市场价格、市场规则和市场监管等方面。下面向读者逐一介绍。

1. 市场主体

电力市场主体是指进入电力市场、有独立经济利益和经营财产、享有民事权利和承担民事责任的法人和自然人。电力市场主体包括发电企业、输电企业、配电企业、售电商、市场运营商或电能交易所、独立系统运营商（ISO）和电力用户。除此之外，还有政府监管机构和市场管理部门等。由于每个国家和地区的电力工业有着不同的运营模式、发展方向和发展速度，因此这些实体类型不一定会同时出现在一个市场中，而且在有些情况下，一些公司或机构也会同时兼具多个实体的功能。此外，不同国家、地区的组织名称也可能有所不同。

1）发电企业能够发电并出售电能，还可以出售系统运营商维持供电质量和运行可靠性所需的调节、电压控制和备用等服务。一个发电企业可以拥有一个发电厂，也可以拥有不同技术组合而成的发电厂。

2）输电企业拥有线路、电缆、变压器和无功补偿装置等输电资产，按照独立系统运营商的要求运营这些设备。

3）配电企业拥有并运营输配电网络。在建立电力零售市场之前，配电企业垄断着向与其配电网络相连接的消费者出售电能。在完全市场化的环境中，配电企业不再负责向消费者出售电能，其作用仅限于配电网络的运营和发展。

4）零售商在电力批量交易市场上购买电能，然后将其转售给不愿意或不能参加电力批量交易市场的消费者。一些零售商是发电企业或配电企业的子公司，自身不必拥有任何发电、输电或配电资产。零售商的任何客户可以选择同时连接多家零售公司的配电网络，不必仅与一家零售商交易。

5）市场运营商（Market Operator，MO）或电能交易所（Power Exchange，PX）负责组织供求双方实施电能交易的市场机构。他们根据买卖双方提交的投标和报价通过计算机系统匹配电能交易，在能源交付后将买家的付款转发给卖家，即还负责结算接受的出价和合约。一般情况下，MO或PX运作的是独立的以盈利为目的的非实时市场，发电与用电瞬时平衡的实时市场则由独立系统运营机构（ISO）来负责。

6）独立系统运营商（ISO）的主要职责是维护电力系统的稳定性和运行可靠性，并向所有输电系统用户提供服务。在竞争环境中，独立系统运营商必须以不偏向、不阻碍任何一个市场参与者的方式运行，因此称之为独立。独立系统运营商管理最终市场，即实时平衡负荷和发电的实时市场。独立系统运营商通常只拥有监视和控制电力系统所需的计算和通信资产。

7）电力用户根据电能消费能力可分为小型消费者和大用户。小型消费者从零售商处购买电能，并与零售商从当地的配电公司租赁的电力系统相连接。这些消费者拥有电力选择权，他们参与电力市场的形式通常是选择一家零售商。聚合商与众多小型消费者签约，根据要求及时减少或转移他们的需求。当综合效果较大时可在电力批量交易市场上进行交易。大用户通常拥有直接在电力批量交易市场进行交易所需的技能和技术资源。

8）监管部门是负责确保电力部门公平高效运营的政府机构，同时还肩负制定、批准电力市场规则，调查涉嫌滥用市场力案件的责任，此外还负责为垂直一体化的电力公司提供的产品和服务制定价格。除纯粹的经济功能之外，监管机构还负责制定保障电力供应质量和可靠性的相关规则。

2. 市场客体

市场客体是指市场上买卖双方交易的对象，市场上交易的各种商品都是市场客体。对电力市场而言，电力市场的客体是电力商品，包括电力电量、服务、金融产品等。

3. 市场载体

市场载体是市场交易活动的物质基础，是市场主、客体借以进行交易活动的物质条件。电力市场的载体就是覆盖营业区内的电力网络以及相关的调度机构、交易机构等。

4. 市场价格

电价是与电力发、输、供有关的各类型电力商品和服务的价格的总称，或称电价体系。电力市场环境下，发、输、供一体的垄断格局被打破，厂网分开，输电网开放，市场参与者的类型增多，运营模式市场化，因此电力商品的种类和相关的服务也呈现多样性，从不同的分类角度，出现了多种不同的电价。例如，从电力商品的功能上，有电能电价、备用电价和无功电价；从电力商品交付的时间上，有远期合同电价、期货合同电价、日前市场电价和实时电价；从电力发、输、配流程上，有上网电价、输电电价、配电电价；从电力生产成本的组成结构上，有一部制电价和两部制电价等。

5. 市场规则

市场规则是市场主体参加市场交易活动的行为规范，是维持市场正常运作的约束条件，也是市场运作的先决条件和保证。通常运行规则由政府制定，由政府监督或授权某组织机构代替监督和管制执行。市场运行规则通常包括市场准入规则、市场交易规则和市场竞争规则三种。

1) 市场准入规则主要是对市场主体资格的若干规定。例如，市场主体要按照法人资格要求进行审查，合格者可以进入市场。各类电力企业要进入电力市场，必须按国家规定的联网技术标准和经济管理标准，服从电网调度机构的统一调度，接受统一管理。

2) 市场交易规则是电力企业之间及其与用户之间的交易活动，必须按照《合同法》中所规定的有关条款进行。交易双方要在自愿、等价、互惠基础上签订经济合同，规范双方的责、权、利。

3) 市场竞争规则是指当事双方符合平等竞争的市场条件所应遵循的市场准则。例如，政府制定的对电力企业投入的生产要素和电力产品价格，要统一质量、统一标准要求，明确双方税赋要公平承担等。

6. 市场监管

市场监管是为了更好的维护电力市场秩序。为了保证电力市场的统一、开放、竞争、有序，必须进行有效的市场监管。电力市场监管的对象包括电力市场主体和电力调度交易机构。电力调度交易机构包括区域电力调度交易中心和省、自治区、直辖市电力调度机构。为保证监管行为有效，电力市场秩序监管体系应围绕既定的监管目标、遵循合理的监管原则、建立完善的监管组织和监管法规体系、运用科学的监管手段实施监管，促进市场交易信息和监管信息的公开透明，使各方在公平的基础上进行电能交易。

1.1.3　电力市场基本原则

1. 发电商之间公平竞争原则

在电力市场中，发电商最关心的问题有两个：发电计划和上网电价。所谓发电计划，是指各发电商与电网调度通过合同的形式确定的各发电厂商的年度发电计划；所谓上网电价，是指电网向发电厂购电时，在电网相应计量点的电价。这是世界上已建立电力市场的国家的通常做法。

在美国，独立发电商通过合同的形式确定发电计划和电价结算办法。发电厂和电网公司间签订贸易合同，在合同中明确规定发电厂的发电计划、结算电价、计量点及违约处罚办法等。拥有发电厂、用户和输配电网的各电力公司之间的电力贸易，也采用合同的形式。在英国，电力市场既有集中买卖型，也有合同型。集中买卖型是指由英国的电力联合运营中心购买所有参与电力联合运营中心贸易的发电厂的电量，再卖给地区供电公司或大用户。另外，电力联合运营中心还允许发电厂与大用户直接签订合同，确定交易方式。电力联合运营中心必须实事求是地依照各发电厂边际运行成本编制发电计划，不能有所偏向。为此，不允许电力联合运营中心直接拥有发电厂。

按统一上网电价进行电力交易结算，有利于鼓励各发电厂降低运行成本，挖掘潜力，提高效率。如果某发电厂的边际运行成本比上网电价低得越多，则获利越多；如果运行成本高于上网电价，则将失去发电机会；如果运行成本大致等于上网电价，则将无利可图。这样做，电力市场对各发电商将产生十分明显的激励作用。

2. 用户间公平原则

在电力市场中，必须保证用户在用电权益上是平等的，由于不同的用户用电水平和性质的不同，对不同种类的用户收取相同的电费实际上是将供电费用绝对平摊。这样，就导致供电成本低的用户补贴了供电成本高的用户，这是不公平的。真正实现用户之间的公平原则，必须按用户的实际供电成本收费，对不同用电种类进行公正合理的成本分摊，尽量减少用户间的补贴。

1）按电压等级分类。不同电压等级的用户，因其所需的网络和变、配电设备不同，应区别对待。一般说来，电压等级高的用户，所需变、配电设备较少，电价较低，反之，电压等级较低的用户，电价应较高。

2）电价中应考虑需量要求。由于各种用户用电情况不同，有的容量大、负荷率低、用电量少，有的负荷率高、用电量大，所以应该将供电成本分成固定费和可变费。固定费是按供电设备容量大小而定的费用，可变费是按使用的电量而定的费用。在电价中，相应地分为电力电价和电量电价两部分，以此构成两部制电价。

3）无功的影响。用户负荷的无功功率对供电设备的充分利用和电压质量影响很大。因此，对大工业用户采用根据功率因数调整电费的办法。这种方法虽简便易行，但是对用户的费用分摊不尽合理。对大用户来说，由于有功消耗大，即使消耗较大无功功率，其功率因数只要大于 0.85，就可以不用为所消耗的无功缴纳电费；相反，对于小用户来说，由于有功消耗小，当消耗较小的无功功率时，其功率因数可能小于 0.85，就必须缴纳相应的无功罚款。制定无功电价，按用户实际消耗的无功电量计算无功电费，可以合理地分摊系统的无功供电成本。

4）系统供需情况不同，电价也应不同。由于负荷的随机变化，或发、输、配电设备的故障，电能的供、需情况是不断变化的，因此，供电成本也随之变化。即使同一用户，不同时间用电，对其供电的成本是不同的。为了反映这种差别，目前各国普遍使用峰谷电价，包括日峰谷电价、季节峰谷电价。目前，我国在部分地区执行日峰谷电价，没有季节峰谷电价。但是，负荷和发电能力都具有一定的随机性，每天的峰、谷时段及供需状况是变化的。然而峰谷电价对每天峰、谷时段的划分是固定的，因此峰谷电价仅是统计意义的近似。为此，各国都在研究实时电价，即对电力系统供、需状况实时进行计算，得出比较真实的供电成本。

3. 电力市场的信息公开与对称原则

在电力市场中，为保证贯彻公平性这一基本原则，必须让每一个电力市场参与者在电力交易中及时获得对称的电力交易信息。电价是人们最关心的问题，必须实时公开发电厂的上网电价和用户的用电电价，包括各种类型的电价。发电厂根据上网电价，随时根据自己发电厂的运行经济状况进行上网电价决策；用户可依据用电电价制订最优用电计划和调整用电结构。从而通过电价将供、用电双方联系起来。

电力网络的收费问题也是人们关心的问题，必须明确收费标准并在电力市场进行公布，以便为用户在选择不同电力交易方式时提供比较的依据。总之，电力市场必须使各发电商和用户对电力市场的管理、运行方法有所了解，从而做出合理的选择，同时也保证了电力市场公平性原则。

4. 电力市场交易双方自由选择的原则

如果单纯从市场的角度来看，市场应能满足参与者自由选择的权力，即供方有选择用户的权力，用户有选择供方的权力。但是由于电力供应的特殊性，电力市场一般难以满足参与者自由选择的要求。当前一些国家的普遍做法是先放开发电市场，即让发电厂有权利选择供电用户，而对输电市场和用户再择机逐步放开。

美国的发电市场是完全放开的，独立发电厂有权选择供电对象，电网也可以提供转运业务，使得发电厂可以向不相邻的第三方供电。这种贸易是以合同形式实现的。同时正在加紧研究的灵活输电系统，使输电系统能够快速、灵活地控制系统潮流，为电力交易服务。

电力市场必须保证输、配电系统向使用者开放。这一点，对于保证电力市场的稳定运行，扩大参加者自由选择的权利，避免电力网络拥有者利用其地位垄断电力供应，都是必要的。

输、配电网络的开放，大大增强了电力交易的灵活性。例如，在美国由于一些州的法律规定，为了保护环境，不允许新建发电厂。这样，投资者纷纷到偏远地区投资兴建发电厂，再通过输电网络将电能输回本地。在阿根廷，一些大型制糖、造纸等行业，由于本地能源、劳动力价格等因素，自备发电厂不愿建在本地而建在其他地区，再通过输、配电网络将电能送回来，电力使用者只需缴纳一定的电力传输过网费。

1.1.4 电力市场结构

市场结构是构成一定系统的诸要素之间的内在联系方式及其特征。电力工业由发电、输电、配电和售电四个必不可少的环节构成，电力市场的结构就是这四个环节以及用电客户之间的相互关系。电力工业有四种基本的结构模式，根据竞争在市场中的强弱程度，我们划分了四种典型的电力市场结构模式，即垂直垄断模式、单一买方模式、趸售竞争模式和零售竞争模式。这四种基本结构模式依次从垄断性转向竞争性。

1. 垂直垄断模式 （一体化模式）

垂直垄断模式如图 1-1 所示。

经济学中存在完全垄断、寡头垄断、自由竞争等市场，对应于经济学中的完全垄断市场的概念，在电力市场称之为纵向一体（vertical integrated monopoly）。纵向一体又叫垂直垄断，是在电力放松管制之前普遍采用的电力市场结

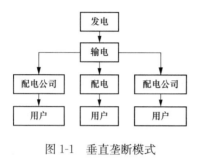

图 1-1　垂直垄断模式

构。所谓纵向一体，是指在一个地区只有一个电力公司负责发电、输电、配电和售电。这是一个完全垄断的市场，用户没有选择的余地。在大多数国家，这个市场是由政府或国有企业垄断的（如墨西哥），少数国家是由受管制的民营企业垄断的（如放松管制前的美国、德国等）。

纵向一体可以充分发挥发电的规模经济效益，这也是一百多年来各国电力行业一直垂直垄断的原因之一。但近年来发电的垄断特性受到了质疑。其实得到普遍认可的只是机组的规模经济，电厂和整个发电环节并不一定具有规模经济，而机组也不是规模越大越经济。核电机组的最佳容量为 900～1000 兆瓦，燃煤机组的最佳容量为 500～600 兆瓦，而燃气—蒸汽联合循环机组（CCGT）的最佳容量为 250～400 兆瓦。对于较小或输电网不发达的系统，发电垄断是合理的，但对大系统来说发电垄断就没有经济依据。

纵向一体的电力公司拥有电厂、电网的完全信息，可以最佳地协调发电和输电，可以用最低的成本进行调度，可以更容易地进行电源和电网一体化优化计划和扩展。当然如此庞大的一体化公司在管理上必然有很大难度，需要有完善的企业管理体制才能发挥其优势。

电力工业纵向一体的最大经济优势就是几乎没有交易成本，因为纵向一体结构下，无论是发电、输电，还是配电都是电力公司内部的事务。纵向一体结构下，只有一家电力公司，也就无所谓竞争。没有竞争，电力公司就没有动力改进技术，降低成本。

纵向一体结构下的电价是垄断电价，由于定价受到政府的管制，这就有可能产生两种倾向——定价过高和定价过低。定价过高，电力公司获得大量超额利润，导致社会资源配置不合理。而定价过低一般是由于政府把电力作为一种公益事业，把用电作为国民生活水平和社会发展水平的指标。电价过低将会造成电力公司没有充分的资本积累进行再投资和改进技术，导致电力工业技术落后，甚至缺电。

随着电力工业发展到一定阶段，电力工业的规模越来越大，垄断经营的弊端逐步显现，同时，科学技术的发展和控制水平的提高也为电力工业的改革创造了相当的条件。电力市场改革水到渠成。

在电力工业的发、输、配、售四个环节中，发电环节因为相对独立，对原有的管理模式的变更影响相对较小，而对于降低成本、控制电价又有着积极的作用，因此，发电环节被大多数国家和地区选中，成为电力工业改革的先行者。

2. 单一买方模式

单一买方模式如图 1-2 所示。

电力市场改革始于发电侧，即开放发电环节。这种市场结构被称为单一买方模式（single buyer），又叫统一购买模式，即只有一个买电机构负责向发电商购电以满足负荷需求。这种市场结构下，发电环节独立出来，市场存在多个发电商。至于配电环节，仍然可以与输电一体。单一买方也就是国内常说的"厂网分开，竞价上网"。

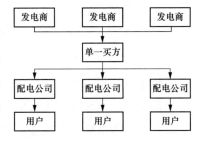

图 1-2 单一买方模式

单一买方的市场结构并不意味着这是一个买方垄断的市场，这里的单一买电机构只是用户的电力代理，而不是用户的利益代理，不会为了用户的利益进行垄断定价。单一买方区别于纵向一体的最大特点就是发电环节引入了竞争机制。

单一买方结构下，发电商承担了更多的风险，包括投资风险、管理风险、可能的竞争价格风险和燃料供应商的信用风险等。发电商的生产成本、设备状况等信息已经是商业机密，发电商有可能借此动用市场力，因此必须对电力市场进行有效的监管。

单一买方的市场模式最大的缺点在于需求侧缺乏价格弹性，当市场供需情况紧张的时候，需求的刚性会造成市场上电价飞升。在经济学上为抑制市场成员动用市场力，必须增加需求的弹性。这样，我们开始在配电环节引入竞争，即趸售竞争。

3. 批发竞争模式 （趸售竞争模式）

批发竞争模式，又称为趸售竞争模式，如图 1-3 所示。

在这种情况下，配电公司和大用户有选择发电商价格交易的权利，发电商可以把电卖给不同的配电公司或大用户，而不是只能卖给单一买电机构。在这种市场结构下，输配分离，配售没有分离，各个供电公司作为市场成员参与市场竞争竞价配电。因此，趸售竞争要求输电网必须无歧视地向所有市场成员开放。

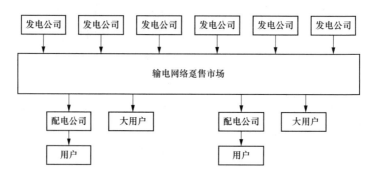

图 1-3　批发竞争模式

相较于单一买主的市场结构而言，趸售竞争形成了多买多卖的市场，市场竞争更加激烈，市场这只无形的手将发挥更大作用，资源也会得到更合理的配置。同时趸售竞争使得市场成员之间的交易更多也更加频繁，交易成本也会显著增加。

在这种市场结构下，大用户可以选择配电公司，小用户仍然没有选择权，必须由当地的配电公司供电。既然大用户得到了特殊待遇，必然会引起一个有争议的问题——如何界定大用户。如果像当年英国那样符合超过 1 兆瓦的用户为大用户，那么一个居民可否作为一个大用户，一个公司在不同地点的工厂的负荷可否累加起来作为一个用户对待，类似的问题还有很多。即使上述问题可以顺利解决，如果大用户的趸售电价比普通用户低，必然会引起小用户的不满，这又会引起市场公平性的讨论。在趸售竞争结构下，配电公司必须面对两个电价：趸购电价和用电电价。这就使配电公司面对很大的价格风险。

尽管存在种种争议，趸售竞争毕竟在配电侧引入了竞争。这样配电公司努力通过降低成本，改善服务来争取用户。为了解决上述问题，使配电公司摆脱尴尬的局面，售电侧也必须引入竞争环节，这就是零售竞争。

4. 零售竞争模式

零售竞争模式如图 1-4 所示。

零售竞争（retail competition）市场结构下，允许所有的用户选择供电商是零售商、配电公司，甚至是发电商。零售商不拥有任何配电网络，只是将发电商的电转卖给用户。这就要求不仅输电网要向市场成员开放，配电网也必须

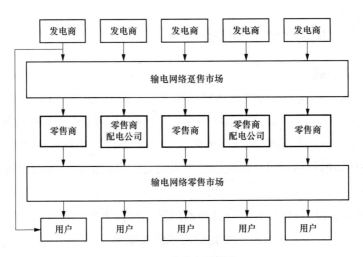

图 1-4　零售竞争模式

开放。零售竞争结构下，原有的配电公司也可以经营零售业务，不再仅对本地区的用户售电。一些国家还允许发电商自己组建零售公司向用户销售电力。一个零售商只能经营一类业务。这可以通过零售许可证制度实现。零售竞争市场充满了竞争——发电商之间的竞争、零售商之间的竞争、用户之间的竞争；充满了选择——发电商与零售商的双向选择、零售商与用户的双向选择、发电商与用户的双向选择；也充满了风险——投资风险、管理风险、价格风险、信用风险（发电商、零售商、用户都必须承担）。一些国家还允许发电商自己组建零售公司向用户销售电力。零售竞争结构下交易成本会更大，所以零售竞争结构的实现一般需要一个循序渐进的过程，首先允许较大的用户选择供电商，然后逐渐降低门槛，最后允许所有的用户选择供电商。

零售竞争结构下，电力工业达到了最大的市场化，所有市场参与者的能动性都将被调动起来，实现真正意义上的市场化运作——分散决策。

1.2　电力市场基础理论

电力市场是一门跨学科的知识，它既要求了解经济学原理，又要求了解电力系统运行原理。为了有利于读者学习、掌握电力市场知识，本节从供需、交易、价格、成本等理论出发，帮助读者在短期内掌握电力市场交易所需要的理论与技能。

1.2.1 电力市场供需理论

1. 需求曲线

1）需求。需求是人类经济活动的出发点。在社会中，所有个人需求的总和构成市场需求。某种商品的市场需求，是指在一定时期内市场消费者愿意并有能力购买的该商品的数量。市场需求受到消费者的平均收入水平、市场规模、替代物品的价格和可获得性以及个人偏好、宗教信仰和政府政策等多种因素的影响。

假定除商品的价格以外所有其他的因素都保持不变，则市场需求量随价格变化的需求曲线如图 1-5 所示。因为集中了足够多的消费者的需求特征，因此个人需求所具有的不连续性被消除，曲线变成连续的。如果用 Q_d 代表消费的数量，π 代表商品的价格，则曲线可以表示为：

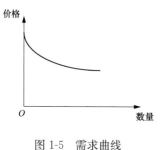

图 1-5　需求曲线

$$Q_d = f_d(\pi) \tag{1-1}$$

或写为：

$$\pi = f_d^{-1}(Q_d) \tag{1-2}$$

式（1-1）一般称为需求函数，式（1-2）一般称为反需求函数。图 1-5 说明市场消费的商品数量随价格的升高而减少，这是大部分商品的市场需求所具有的特性。原因主要有两个：一个是替代效应，即一种商品价格上涨时，消费者会用其他类似的物品来替代它；另一个是收入效应，价格上涨时消费者会感觉自己相较于之前收入下降，消费欲望受到限制。

2）消费者剩余。消费者在不同的消费可能之间进行选择的依据是商品的效用，即商品带来的一种满足的感受。当消费者连续消费越来越多的某种商品时，他从后一单位商品的消费中获得的满足是低于前一单位商品的，这就是边际效用递减规律。消费者以相同的市场价格购买某种商品的每一单位，而享用到的价值越来越小，因此用商品的价格乘以数量得到的货币价值作为该商品的经济价值是不合理的。经济学上将消费者购买的每单位商品与愿意为该单位商品支付的价格的乘积之和定义为消费者总效用，而将消费者总效用与为此商品支付货币的总额之间的差值，即代表着"所得到的大于支出"的部分，定义为消费者剩余。考察消费者剩余更能表明商品对消费者的价值。图 1-6 示意了消费者总效用与消费者剩余。

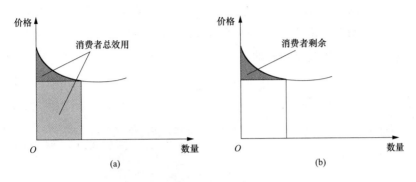

图 1-6 消费者总效用与消费者剩余

（a）消费者总效用；（b）消费者剩余

2. 供给曲线

1）供给。生产者提供商品的目的是追求利润，因此，当商品的市场价格相对于生产成本较高时，生产者会决定增加该商品的供给量；而当市场价格相对于生产成本较低时，生产者就会减少供货数量，转向其他商品的生产，因为这种情况下生产该商品的机会成本很高。将足够多生产者的供给特性集合起来，就得到一条平滑的、向上倾斜的供给曲线，如图 1-7 所示。

用数学表达式表示为：

$$Q_s = f_s(\pi) \qquad (1-3)$$

称为供给函数。将其表述为：

$$\pi = f_s^{-1}(Q_s) \qquad (1-4)$$

即为反供给函数。

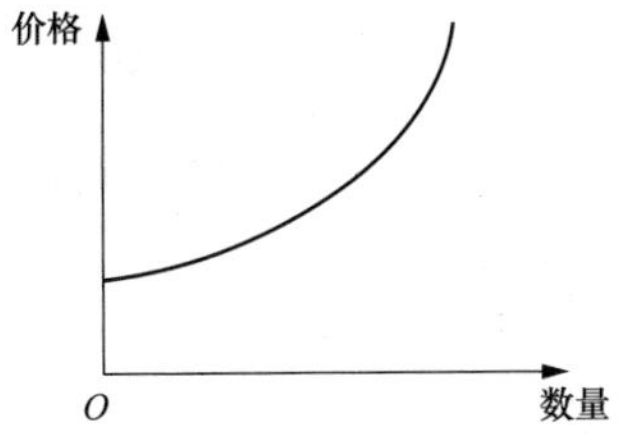

图 1-7 典型的供给曲线

影响供给的因素不只是价格，生产成本也是决定供给曲线的重要因素，此外，相关商品的价格、政府的政策以及特殊因素，如天气等对供给曲线也有影响。但本节假设了其他因素都是不变的，只考虑价格的影响。

不同生产者生产的商品处于供给曲线的不同位置，机会成本与市场价格相等的生产者是边际生产者，如图 1-8 所示。如果市场价格下降，这个生产者就不值得继续生产。相反，边际内的生产者其机会成本低于市场价格。

2）生产者的收益。由于商品的供给是以相同的价格交易的，所以生产者的收益等于交易的数量与市场价格的乘积，如图1-9阴影部分所示。生产者的剩余或生产者的利润则产生于以高于其成本的价格进行的交易，如图1-10所示，等于供给曲线与市场价格水平线之间的面积。成本低的生产者分享的利润就多，边际生产者则处于盈利的临界状态。

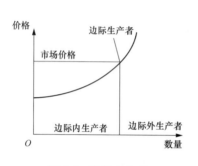

图1-8　边际生产者

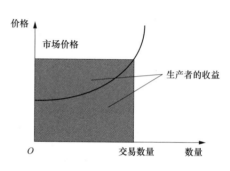

图1-9　生产者的收益

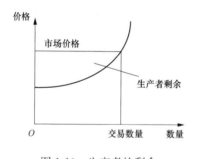

图1-10　生产者的剩余

3. 市场均衡

在一个完全竞争市场中，决定价格及交易数量的一方面是所有消费者的集体行为，另一方面是所有供给者的集体行为。当供给者愿意提供的数量等于消费者想要购买的数量时，市场均衡就产生了，此时的价格称为均衡价格或市场出清价格 π^*，因此它是下列方程的解：

$$f_d(\pi^*) = f_s(\pi^*) \tag{1-5}$$

市场均衡也可以用反需求函数和反供给函数的形式来定义。消费者为购买某数量的商品所愿意支付的价格等于生产者供给此数量的商品希望得到的价格时，就确定了均衡产量 Q^*，即：

$$f_d^{-1}(Q_d^*) = f_s^{-1}(Q_s^*) \tag{1-6}$$

图1-10表示了市场均衡，它发生在供给曲线和需求曲线的交点，此时消费者和供给者都得到了满足。如图1-11所示，假设市场价格 $\pi_1 < \pi^*$，则需求大于供给，一些生产商必然意识到他们可以将商品以高于当前的价格出售给那些未得到满足的消费者，交易数量因此增加，价格同时上升，直至达到均衡条件。同

样的，如果市场价格 $\pi_2 > \pi^*$，供给将大于需求，一些生产商将剩余一些找不到买家的商品，为避免陷入这种情况中，他们将减少商品产量直至其等于消费者愿意买的数量。从消费者的角度来分析可得出同样的结论。因此，在供给曲线与需求曲线的交点上，需求量与供给量相等，既不存在短缺，也不存在剩余，价格既没有上升的趋势，也没有下降的趋势，市场处于一种相对稳定的状态。市场均衡和市场均衡的稳定性如图 1-11 和图 1-12 所示。

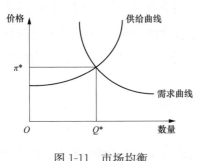

图 1-11　市场均衡　　　　　图 1-12　市场均衡的稳定性

4. 帕累托效率

上述内容分析了竞争市场的运行机理。在自由竞争的市场体制中，每个参与者都在不断追求自身利益最大化。尽管参与者不打算促进公共利益，也不知道他能促进多少，但在他们追逐个人利益的同时，经常增加了社会利益。由此，经济学家证明，竞争市场是迄今为止最有效的资源配置方式，社会的各类人群对自身利益最大化的不断追求，可以使整个社会的经济资源得到最合理的配置。帕累托（Pareto）效率，也称帕累托最优，常用来表征资源分配的理想状态，它是指针对固有的一群人和可分配的资源，没有一个人的境遇能在不使其他人的境遇变得更糟的情况下变得更好。也就是说，在市场达到帕累托效率的情况下，如果任一市场参与者要增加利益的话，只能通过使其他参与者的利益减少来实现。

帕累托效率指消费的帕累托效率、生产的帕累托效率以及社会一般的帕累托效率。社会一般的帕累托效率是指资源在生产者和消费者之间的分配达到最优，它是通过商品交换实现的。如图 1-13 所示，假设商品交易不是发生在市场均衡点，如交易数量为 Q，小于均衡数量 Q^* 时，则最终交易价格可能介于生产者愿意出售的价格 π_1 与消费者愿意支付的价格 π_2 之间，但不论具体价格是多少，生产者和消费者的利益都有所增加，因此这种情形不是帕累托效率

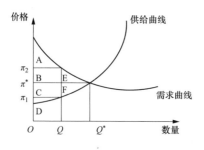

图 1-13　竞争市场的效率及社会效益

的；同理，非均衡价格的交易也不是帕累托效率的。竞争市场的效率及社会效益如图 1-13 所示。

实现帕累托效率需要满足下列条件：

1）任意两个消费者对任意两种商品进行交换时边际替代率都相同。

2）任何两个厂商使用一种生产要素生产同一种产品的边际产量都相等，两种生产要素生产同一种商品的边际技术替代率都相等，任意两个厂商使用既定生产要素生产任意两种产品的边际产品转换率都相等。

3）消费者对任意两种产品的边际替代率都等于生产者对这两种产品的转换率。

在完全竞争市场中，如果经济当事人的行为满足连续性的假设，那么，总可以找到一组价格比，使得经济系统处于一般均衡状态，即达到帕累托最优状态。

1.2.2　电力市场交易理论

电力交易是指针对电力商品和服务进行的买卖活动，包括电能交易、辅助服务交易、输电权交易等。电能交易指不包括辅助服务的有功容量或有功电量交易。

1. 电力交易类型有多种划分方法

1）按交易周期的不同分为现货交易和合同交易两大类型。现货交易包括日前交易、时前交易、实时交易等（在一些国家、现货交易特指日前交易）；合同交易包括期货交易、期权交易、远期合同交易、差价合同交易、发电权转让交易、输电权转让交易等。

2）按交易目的和交易标的的不同可分为电能交易、辅助服务（调频、备用、无功、黑启动等）交易、发电权交易、输电权交易等。

3）按交易标的的性质不同可以分为电力实物交易和电力金融交易两大类。

2. 电力市场中几种常见的电力交易类型

（1）发电权交易

发电权交易又称发电权替代交易，是指对关停的小火电机组，保留若干年的发电量指标不变，由大容量机组代发其电量的交易。其背景是国家实施节能减排政策，关停污染大、煤耗高的小火电机组，同时给小厂预留一定空间，保证其稳定过渡的一种政策性措施。发电权交易是按照自愿平等、公正公开的原则，遵循国家相关部门出台的办法，双方直接协商或由电力交易机构组织替代方与被替代方进行交易的一种市场行为。

按照组织方式，发电权又可分为双边交易与集中竞价交易。双边交易是由替代双方对替代量、补偿价格进行协商，达成一致后签订替代合同。这种方式的缺点是没有电网公司的参与，事前无法确定是否满足电网安全因素，以及由此替代引起的网损补偿。如替代方距离负荷区较远，原先的负荷缺口必须通过靠其他地方电厂来弥补，这必将增加网损。为解决这一问题，同时保证电力工业的发展，国家允许发电集团关停一定容量小机组后建大容量机组。集中竞价交易是指由电力交易机构组织，发布市场信息，然后组织替代双方进行磋商，双方就电量、电价达成一致后成交的交易方式。这种方式的优点是自由度大，被替代方与替代方都可以选择自己被谁替代或替代谁，双方可以就替代价格、替代量进行充分的协商。同时，被替代方可以由一个替代方替代，也可以由多个替代方替代。双方成交的过程，也是一个市场博弈、竞价的过程。

还有一种方式也属于这种集中竞价方式，但是需通过电力交易运营系统来实现全过程。具体流程是：由电力交易机构通过交易运营系统网站对外发布交易信息，包括被替代电厂的电量、申报起始时间、网损补偿、参加替代电厂准入条件及价格上下限等。各市场成员通过网站获取信息后，对替代量、价格进行申报。申报时间截止后，由交易机构进行撮合。按照容量、价格进行撮合，在相同报价下，大容量机组优先替代；价格不同时，先按照价格确定优先权。撮合规则这部分可变性较大，跟国家政策、地方政策相关联，有时甚至一年就要变更一次，但对于实现节能减排，电网的经济运行是不变的主题。当交易撮合完成后，由电力交易机构发布预成交结果，同时，将结果提交电力调度机构进行电网安全校核，最后发布最终成交结果。在交易开始前，为了公正公平地开展竞价，电力交易机构要先发布市场信息、成交规则等，便于市场成员参与报价。

在实际的交易中，大多数采用集中竞价交易。这种方式替代方、被替代方、电网公司三方均参与，自由度大。

（2）外送电交易

外送电交易主要指区域级、电网级电力公司的外送电交易。这种交易在某个电网公司电力不足或由于其他原因需要其他电网送电时发生。由于减少网损的原因，这种交易一般在距离较近的相邻电网公司之间展开。近年来，随着我国西电东送、南北互供战略的实施，这种交易变得频繁起来。

按照组织方式，外送电交易分为网间年度合同交易和委托外送电交易两种类型。网间年度合同交易指电网公司根据年度电量需求预测，经协商确定电量电价，签订年度网间购售电合同。

委托外送电交易主要是指通过委托代理方式。电力交易机构组织省内机组参与国家或区域市场的交易。目前的交易流程大致是先由电网公司根据负荷需求制订年度购售电计划，然后由外送电网公司组织网内电厂参与。可以通过竞价方式成交，也可以通过计划方式成交。所谓的计划方式，就是没有竞价的过程，价格保持不变。

在委托外送电交易流程中，电网公司按照一定算法申报情况进行分配是比较复杂的，因为要兼顾经济效益与节能减排，而这两者是矛盾的。虽然新装机的容量比较大，但上网电价要高，在实际中，往往优先考虑节能减排。其中，一种典型的分配办法是：规定所有机组的基本利用小时均一致，然后根据机组是否脱硫、空冷（火电），容量大小为每个机组增加或减少一定的利用小时数，得出该机组的利用小时数，乘以容量得出这个机组的外送量，再将所有机组的量相加，与总外送量相等即可。其实，以上方法是求解一个方程组，未知数就是机组的基本利用小时。得出每个厂计算出的外送量后，再与每个厂的申报量进行比较。

（3）大用户直购电交易

大用户购电工作可采取大用户、发电企业双边竞价和场外协商交易两种方式进行组织。大用户、发电企业双边竞价方式通过电力市场交易运营系统，按年度及月度发布大用户直购电用电量信息以及指导价格空间。大用户分段报送用电量及对应的价格。发电企业分段报送在不同的价格水平下的电量。电力交易中心根据双方报价进行集中撮合，如果三方价格均在指导价格空间内，则成交。由于竞价受到各方面的制约，按照电力市场的稳健原则，目前没有开展竞价交易。

（4）短期交易

短期交易是指在电力市场交易平台上，结合负荷预测及省内、省外电力需求变化进行短期交易，其规模依照市场规则及电力需求确定。电网公司按照市场规则报送未来数日电量需求，并发布数据申报开始时间、截止时间和交易出清时间；发电企业按照年度合同安排后的情况报送竞价电量和价格；电力交易中心按市场规则将购、售电量按报价统一排序，考虑网络约束等安全因素后，确定未来数日中标电量及价格，并向市场主体公布。

以上介绍的几种交易类型，其中，发电权交易和外送电交易在目前电力市场环境下开展较多。其相同点就是基本都没有开展竞价，可以说是在传统电力市场模式向真正意义上的电力交易模式转变过程中的电力市场交易。短期竞价交易，由于其交易规则和价格形成机制目前都没有明确的政策依据，在大部分地区没有开展。

此外，电力交易按电力市场的交易方式还可分为现货交易、中长期合约交易和期货交易。

现货交易一般指目前市场的交易。由于许多因素（如电力负荷等）的影响现货交易中的电价［称为现货价格（spot price）］往往呈现出不确定性。根据一些数据的统计分析、计算表明这种不确定性呈现出某种随机特征，它是一个服从某种概率分布的随机变量，因此，现货交易具有一定的风险。

中长期合约和期货交易具有回避风险、稳定市场的作用。电力期货交易是指电力期望合约的买卖，它们按预先特定的价格，确定在将来某个时期以确定的价格在期货交易所交易一定电能的合同。

中长期合约交易是电力市场的一种重要交易方式，要求发电商（指发电厂或发电公司）和售电商（代表电网调度机构和用户的利益）双方按预先签订的合约商定付款方式、买卖电量在一定时期内进行实物交割的交易（为简单起见，输电费用及其他费用按一定比例分摊到相关电价中），它包括合约电量、合约电价、交易双方的权利和义务、拒绝供电或拒绝接受供电时的惩罚或补偿量、供电时间等主要参数。当现货价格高于合约交割电价时，售电商可以接受发电商的供电，否则售电商可能拒绝合约交易而选择现货交易。

1.2.3 电力市场价格理论

1. 电价制定基本理论

价格是经济学的核心，微观经济理论也称为价格理论。与不同的电价职能相对应，有四种经济学理论作为电价政策制定的依据，电价理论也呈现出组合形态。制定电价的四种经济学理论为：社会成本定价理论、均衡价格理论、管制经济理论和福利经济理论。每种理论既有联系，相互之间也有一定程度的矛盾性。

四种理论从不同的角度认识和揭示电价制定规律和要求，且分别与四种电价职能相对应，解决电价制定过程中的不同问题。如表 1-1 所示，不同电价理论准确地反映了不同的电价职能，共同形成了管制电价的经济学理论体系。

表 1-1　　　　　　　　不同电价理论的主要特征与适用情况

经济理论	主要观点	对应职能	适用情况
社会成本定价理论	按照社会平均成本定价	价值反映	电力工业相对成熟和稳定，基础数据充分，作为定价依据
均衡价格理论	按资源最优配置原则定价	资源配置	现实或者潜在供求不平衡严重，需要在价格上对将来做出反应，作为定价依据
管制经济理论	定价使企业获得零经济利润	经济核算	企业利润不合理，包括运用市场势力等，作为定价和调价依据
福利经济理论	按照社会福利最大化目标分析电价的效率及其提高的途径	宏观调节	对电价偏离成本、交叉补贴等问题进行纠正的依据，评价价格的效率，作为电价调整的依据

基于社会成本定价理论的定价方法主要采用基于会计信息的平均成本定价。它适合于不同市场结构下商品定价，在包括电价等垄断经营商品的定价中应用也较为普遍，有些定价包括后文分析的成本管制定价方法，也是平均成本定价方法派生出来的。

均衡价格理论下的边际成本定价方法是在完全竞争条件下，企业把价格确定在生产商品的边际成本上，不仅可以获得最大的利润，而且能够实现社会福利最大化。对于具有规模经济效益的企业，由于边际成本小于平均成本，企业如果按照边际成本定价，必然会造成亏损而非利润最大化。

管制经济理论在我国的应用主要是标杆电价政策（类似于西方国家的标尺竞争定价方法）。标尺竞争又称区域间比较竞争，是指将被管制企业的绩效与相关企业的绩效结合起来比较，以促使原本各自独立垄断经营的企业之间进行竞争的一种管制方式。如果企业之间内外部环境相似，且没有合谋行为，通过成本比较可以发现垄断企业的真实成本信息，减少信息的不对称。

基于福利经济学的定价方法在实践方面主要为两部制定价方法和价格歧视定价方法。下面对两部制定价方法做说明。如图 1-14 所示，根据平均成本实行单一电量电价，由于需求曲线与平均成本曲线的交点为 E，平均成本价格为 P_2，相应的均衡产量为 OI。生产 OI 的总成本为 OP_2EI 的面积，其中 P_1P_2EG 的面积为固定成本，OP_1GI 的面积为变动成本，消费者剩余为 AP_2E 的面积。如果采用两部制定价，电量电费按边际成本征收，价格为 P_1，产量为 OJ，对应于

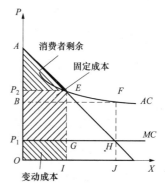

图 1-14　两部制定价与福利改进

OJ 的消费者剩余为 AP_1H 的面积减去固定成本 P_1BFH 的面积。两部制定价下的消费者剩余等于 AP_1H 与 P_1P_2EG 的差值。进一步分析，等于平均成本定价下的消费者剩余 AP_2E 的面积加上 EGH 的面积。因此，与平均成本定价相比，两部制定价在企业利润或福利不变的情况下，使消费者剩余增加了 EGH 的面积，社会福利得到了改进。

电价理论的组合并没有简单的统一规则，需要根据电价政策制定的实际情景确定。例如，市场定价的基本依据是均衡价格理论，可以根据管制经济理论及福利经济理论进行电价合理性的监管。政府制定电价可根据社会成本定价、均衡价格定价，政策性的调整电价或者监管电价以管制经济理论和社会福利理论为主。居民电价在我国要求更多考虑福利（仅居民福利因素），以福利经济理论为依据；工商业电价以强调效率的社会成本定价理论或均衡价格理论为主。因此，电价的理论组合是一个动态的情景组合。

2. 我国电价体系

我国当前正处在新一轮电改的起步阶段，以市场交易电价和输配电价为基础的新电价体系正在推行，但以上网电价和销售电价为基础的原有电价体系依然执行。两套电价体系双轨运行，形成了我国现行的极富特色的电价体系。

（1）第二轮电改前的电价体系

在 2015 年中共中央　国务院《关于进一步深化电力体制改革的若干意见》（中发〔2015〕9 号）发布以前，电网企业对于发电企业来说是电能的唯一买方，对于电力用户来说则是电能的唯一卖方。电网企业从发电企业买电的价

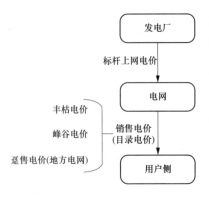

图 1-15　电改前电价体系示意图

格，以及电网企业向电力用户供电的价格都是政府制定的，电改前电价体系如图 1-15 所示。

在发电侧，各发电企业均按照"标杆上网电价"（或称"标杆电价"）售电给电网。标杆上网电价是依据同类型机组的平均成本制定。标杆上网电价为发电设施投资提供了明确的经济信号，同时也促进了发电企业之间的效率竞争。

在供电侧，政府分电压等级、分用户类别制定了"销售电价"（也称"目录电价"），部分地区的销售电价还考虑分季节的丰枯电价和分时段的峰谷电价。销售电价是指电网经营企业对终端用户销售电能的价格。销售电价实行政府定价，统一政策，分级管理。输配电损耗、购电成本、政府性基金及输配电价构成销售电价，计价方式包括单一制电度电价和两部制电价两种方式。销售电价的定价原则是以公平负担为基础，同时兼顾公共政策目标，因此销售电价中包含了交叉补贴（工商业用电补贴农业和居民用电）。

部分地区存在地方电网或趸售区域。电网企业向这些地方电网或趸售区域供电的价格采用的是"趸售电价"。趸售电价与销售电价不同的是其价格水平比销售电价更低，由政府进行核定，它也是由输配电损耗、购电成本、政府性基金及输配电价构成。

（2）第二轮电改后新建立的电价体系

我国第二轮电力体制改革的架构是"管住中间，放开两头"。在电价形成机制方面，是将原来销售电价中的电能价格放开由市场决定，而其中的输配电价则由政府核定并严格监管。

在电能价格部分，各个售电主体即电力厂商和购电主体即各地公用供电公司和享有直购电权"大用户"在市场上相互竞争性售电、购电，由市场决定批发电价。各个地区的电力供应则构成了各地的零售市场，在这个市场上，由各个售电公司直接面向所在区域的电力用户提供售电服务，不同售电公司可针对不同的电力用户提供不同的服务套餐。当前市场交易价格包括批发电价与零售电价。

批发电价是指在电力批发市场中发电商与售电商、大用户进行电力交易形成的价格。我国批发市场处于发展阶段，批发电价是指地方电力经营企业、售电公司从发电商处批发电力，再销售给营业区范围内的用电客户，按双边协商、集中竞价等方式进行结算的一种电价。零售电价是指售电公司向批发市场购买，再向地区终端用户出售电力所制定的价格。我国电力零售市场处于试点阶段，不同售电公司与电力客户签订的协议不同，所达成的零售电价也不同。

对于输配电价格部分，各省级电网的首个监管周期的输配电价也已经全面完成了核定，核定的原则是"准许成本加合理收益"。输配电价中包含了原来销售电价中的交叉补贴，绝大部分省区的输配电价还包含了线损。在省级电网之上，区域电网（相邻的几个省区间的骨干电网）输电价、跨省跨区专项工程输电价也完成了核定或调整。输电价也包含了线损。在省级电网之下，地方电网和增量配电网同样需要单独核定的配电价。目前各省区还在制定当地的地方电网和增量配电网价格政策。在核定之前，配电价格暂按省级电网输配电价在电压等级之间的差额执行（即配电网内的用户所承担的输配电价和配电网外的用户相同）。在省级电网或配电网内部，分布式发电市场化交易的"过网费"价格适用于分布式发电在电网局部消纳的情况。"过网费"价格不分摊该分布式发电交易没有涉及的电网资产的相关成本，也不参与分摊所在配电网接入省级电网的输配电费。"过网费"价格也需要政府核定。

（3）新旧电价体系的双轨运行

当前我国的电价体系是双轨制运行，政府价格管理部门在核定（并公布）电价的时候不仅要核定（并公布）输配电价，也要同步核定（并公布）销售电价（以及部分地区的竞售电价）。图1-16为我国现行的电价体系示意图。

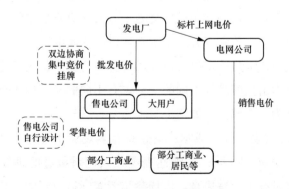

图1-16　现行电价体系示意图

在发电端，目前大部分发电量仍然是"计划电量"，是调度机构根据优先发电优先购电计划以及电网实际运行需要安排的。计划电量由电网企业收购，价格是标杆上网电价；另外一部分发电量是"市场电量"，电量销售给大用户或者售电公司，价格是市场交易电价。

在用电端，部分用电（农业用电、居民用电、重要公用事业用电、公益性服务用电等）尚未放开，其用电需要优先保证，其用电价格是销售电价（目录电价）；部分大工业用电、部分一般工商业可通过市场化交易获得电量，其用电价格为通过批发市场形成的批发电价；部分用电（目前还是大部分用电量）不属于优先购电范围，也不能参与电力市场交易，其用电量仍然由电网企业统销，其用电价格也是销售电价。

双轨运行的新旧两套电价体系在大部分情况下是相对独立的，但在某些领域也会相互影响。例如，按照新电价体系形成的终端电价与原有电价体系中的销售电价不相等。这种情况可能影响电力用户参与电力市场交易的积极性，甚至可能导致已核定的输配电价得不到执行、市场交易在销售电价基础上扣减价差的现象。

1.2.4　电力市场成本理论

交易成本可分为事前的交易成本和事后的交易成本。事前交易成本是指由于未来存在不确定性，需要事先规定交易双方的权利、义务和责任，这种代价的大小与某种产权结构的初始清晰度有关；事后交易成本是指交易已经发生后的成本，存在多种形式：①交易一方想退出某种契约关系所必需付出的代价；②如果市场关系是一种双头垄断关系，交易者发现了事先确定的价格有问题而需要改变原价格必须支付的费用；③交易双方为解决它们之间的冲突所付出的费用；④为确保交易关系和双方信用所必须付出的成本。

电力市场交易成本是决定电力市场运行是否有效率的关键性因素。对于电力现货商品、电力衍生产品等不同的交易，有不同的交易成本项目。电力市场的交易成本可分为9个部分，如图1-17所示。

1）市场信息收集和分析成本。信息具有客观和主观二重性，客观性体现在信息揭示客观事物的方面；主观性表现在人们对信息的理解和判断因人而异。信息在传递过程中会有失真，市场参与者实际接收到的是信号，信号＝信息＋噪声，信号的准确性要比信息差一些。因此，市场参与者为了能获得预期收益，需要花费一定的成本和精力进行信息收集和分析。

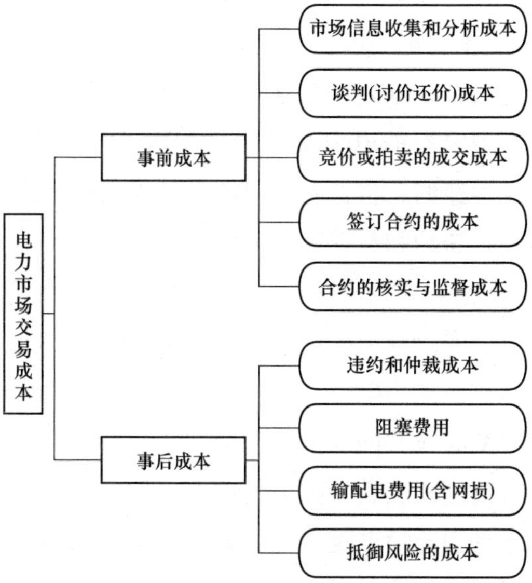

图 1-17 电力市场交易成本构成

2）谈判（讨价还价）成本。市场参与者在谈判前需了解电力现货以及电力衍生产品的相关情况，对它们的价值有个估算和预期，以及明确交易双方的权利、义务和责任的费用。协商的前提是买者的意愿支付价格（P_1）高于卖者的意愿获得价格（P_2）。在买卖双方都是平等的经济主体的条件下，协商的成本为 P_2-P_1 的函数。而 P_1、P_2 又分别取决于买方和卖方的边际收益 R_1、R_2。

3）竞价或拍卖的成交成本。现代电力市场大部分交易产品在电力交易中心或交易所通过竞价或拍卖的方式进行交易，也有通过做市商或经纪人进行交易，市场参与者往往需要承担入场费、差价或佣金等费用，这些费用构成了成交成本。入场费一般是以年费的形式出现，是交易成本的固定项。而差价和佣金是交易成本的可变项。

4）签订合约的成本。现代电力市场的交易成果由签订合法的合约决定，否则不能认定为交易成果。经过确认有效的合约，交易双方需要支付一定的保证金或定金，以促使双方履约。这部分保证金或定金的机会成本就是签订合约的成本。

5）合约的核实与监督成本。进行实物交割的电力合约需要进行交割电量核实和监督，确定是否违约。在核实和监督过程中发生的成本构成了合约核实与监督成本。

6）违约和仲裁成本。电力及其衍生品交易出现违约且双方无争议时，一般按合约规定缴纳违约金；双方存在分歧时，可以通过电力交易机构或专门的仲裁组织解决。欧洲国家有的电力交易所（APX和EEX）向会员收取相应比例的抵押金，一旦发生违约，将首先动用该会员的抵押金支付违约金。现代电力市场运行效率越高，违约和仲裁成本越低。

7）阻塞费用。电力金融交易对阻塞会产生影响。由于电力传输的特性，合约规定的路径和电力实际潮流的物理路径并不相同，每个实物交易都会对整个系统的潮流产生影响。如果电力调度机构或电力交易机构能确定哪些交易引起输电阻塞，由这些交易方共同承担阻塞费用。实际上难以鉴别究竟是哪些交易引起输电阻塞，负荷削减也就失去了公正性，被削减的交易可能是为使用系统付费的交易，而不是引起输电阻塞的交易。这样电网公司既要向削减的交易提供一定的赔偿，又要承担输电阻塞引起的费用。

8）输配电费用（含网损）。电力远期合约、电力期货和期权等合约约定的价格，没有特别注明，一般不包括输配电费用。对进行实物交割的交易，计及交易成本时应将输配电费用考虑进来。

9）抵御风险的成本。电力市场有风险，这是不容置疑的。传统电力市场由于缺乏风险管理工具和手段，饱受业内人士诟病。而现代电力市场也并不是没有风险，仅仅是为市场参与者提供了配置和管理风险的市场手段。市场参与者需要向电力交易机构或相关组织交纳一定数量的风险基金，以抵御市场风险。一旦产生风险，市场交易者将付出一定的风险代价。这就是抵御风险的成本。

上述成本共同构成了电力市场的交易成本，但并非每笔电力交易都包含上述各项成本，不同的交易涉及不同的交易成本项目，对整体市场的效率研究应考虑总的交易成本。

1.3　国外电力市场概述

研究国外电力市场发展趋势和规律对于深化我国电力市场化改革具有重要借鉴意义。美国和欧洲电力市场都是世界公认的发展较为成熟的电力市场，本章重点对美国和欧洲电力市场进行分析。

1.3.1 美国 PJM 电力市场

1. 市场概述

宾夕法尼亚州-新泽西州-马里兰州互联网络（Pennsylvania-New Jersey-Maryland Interconnection，PJM），2002 年成为美国首个区域输电组织（regional transmission organization，RTO）。

PJM 作为一个非营利性组织，功能主要有三个方面：①运营电网，保持供需平衡，监控电网运行，功能类似于国内的调度中心。②运营电力市场，PJM 是一个竞争性电力批发市场，可以说是目前国内交易中心的升级版。③制定电网规划，规划期长达 15 年。

对 PJM 市场做进一步的划分，则可以从交易时长划分为实时市场、日前市场和长期市场；从交易品种划分为能量市场、容量市场、辅助服务市场、金融输电权市场。

PJM 市场运行的成功，在很大程度上得益于其构建理念与建设方案的适应性。PJM 市场强调现货市场的资源优化配置功能，实施了日前市场的"全电量优化"，同时考虑了电能与备用、调频等辅助服务资源的统一优化，并采用节点电价机制，以实施并引导电网的阻塞管理。

2. 运营模式

（1）日前电力市场

市场成员每天 8：00～12：00 向 PJM-OI 提交第 2 天的投标计划。PJM-OI 每天 12：00～14：00 结合系统有关信息对各成员的投标计划进行评估，系统信息包括预期用户需求、气候条件、输电线路、发电机组等，评估完成后，选择最有效、最经济的运行方式。PJM-OI 在每天 14：00～16：00，向各成员通报评估结果，在 16：00 至第 2 天 8：00，PJM 还可根据系统经济性、可靠性等方面的要求作一些调整。

（2）期货市场

期货市场分长、中、短期。1 年或 1 年以上为长期，1 个月至 1 年以内为中期，1 天至 1 个月以内为短期。事实上，次日市场也属于短期期货市场。中长期期货市场以协议来规范约束市场成员的交易行为，特别要强调的是，期货交易是按实时节点边际电价（LMP）结算。PJM期货市场的生命力在于其输电服务的费率随交易形式的不同而存在较大差异，中长期期权可转让。

（3）实时市场

实时市场实际上是一个平衡市场，它是为解决系统突发事故、网络阻塞、市场结算困难而设立的。市场清算价每5分钟计算1次。

（4）零售市场

直接向用户开放零售市场。

（5）输电服务管理

在PJM市场中，输电网络属功能性分离，即原来的输电网络所有权没有变更，只是将输电经营权移交给PJM，而输电网所有者作为市场成员参与到PJM市场中。PJM市场输电服务类型有网络服务和点对点服务2大类，其中点对点服务有固定和非固定、长期和短期之分。PJM市场主要是采取协议的形式管理输电服务。输电价格采用一部制容量电价，输电服务费率是PJM-OI事先按输电网络所有者的网络覆盖区域制定区域性输电费率，经董事会批准，并公布在《输电网开放服务费率表》（OATT）上。点对点输电服务按输电网所有者的网络覆盖划分区域，并按每年、每月、每周及每天（分峰谷时段）分别制定容量费率（美元/兆瓦）；网络输电服务按输电网所有者的网络覆盖划分区域，并给出年度输电容量费率〔美元/（兆瓦·年）〕。

（6）输电阻塞管理

各种输电服务事项都公布在PJM制定的《输电网开放服务费率表》（OATT）上，用户可根据自己的需要向PJM联络办公室提出输电服务申请，PJM联络办公室根据系统安全情况对每一项输电服务申请进行审核，所有与输电服务有关的信息必须送往PJM联络办公室用户信息部。PJM利用节点边际价格（LMP）对输电阻塞进行管理，管理措施为：①发电机组以其发电母线处的LMP结算；②负荷方以其负荷母线处的LMP支付；③负荷需求方要支付阻塞成本，阻塞成本等于负荷需求方与发电供给方两地的LMP差值。

3. 交易出清

电能量市场包括日前和实时两个市场，均采用全电量竞价模式，都用节点边际电价法（LMP）出清，也就是以电网中特定节点上新增单位负荷所产生的新增供电成本为基础来核定电价。

LMP＝系统电能价格（MEC）＋输电阻塞价格（MCC）＋网损价格（MLC）。

在日前市场上，发电商需要申报其所有的发电资源与交易意愿，市场将其与全网的负荷需求进行匹配，通过出清计算形成发电商的日前交易计划，并按照日前的节点边际电价进行全额结算。此时可以对双边交易和自供应合约进行标识，这部分电量将在出清时保证交易。日前市场本质上是考虑系统安全约束的机组组合问题，每小时出清，如图 1-18 所示。

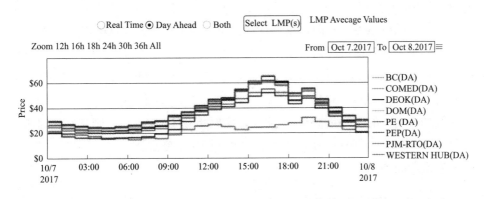

图 1-18　日前市场出清结果（每小时）

实时市场是现货市场，按照实际电网操作条件的实时节点边际电价每 5 分钟出清一次，并同步公布在 PJM 官网上。之后每小时进行一次买卖双方的结算，每周为市场参与者开具发票。实时市场本质上是考虑系统安全约束的经济调度问题，如图 1-19 所示。

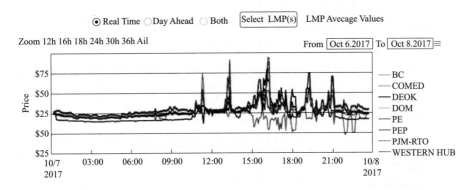

图 1-19　实时市场出清结果（每 5 分钟）

4. 交易结算

PJM 的日前市场和实时市场采用双结算系统（two settlements）。日前市场出清结果用于日前计划的结算，实时计划与日前计划存在的差异按照实时节点边际电价进行增量结算。需注意的是：日前市场的出清结果只用于结算，实时市场的出清结果用于结算和实时调度。

双结算系统下，市场成员的收益可以表示为：

市场成员的收益＝日前计划×日前市场 LMP＋（实时计划-日前计划）×实时市场 LMP

例如：某购电方在日前市场预计次日负荷为 100 兆瓦，日前市场 LMP＝20（美元），则它在日前市场需付 $100 \times 20 = 2000$（美元）。

假如市场上的实时负荷为 120 兆瓦，市场的实时 LMP＝30，则它在实时市场需付（$120-100$）$\times 30 = 600$（美元），共付 2600 美元。

假如市场上的实时负荷为 90 兆瓦，实时市场 LMP＝10，则它在实时市场需付（$90-100$）$\times 10 = -100$（美元），共付 1900 美元。

发电方同理。

1.3.2 欧洲电力市场

1. 市场概述

英国、北欧都是世界上较早进行的比较成功的电力市场。英国在 1990 年建立了基于强制电力库的电力市场模式，后面又发展了基于双边合约的交易模式，澳大利亚、加拿大安大略省等电力市场最早都是参考英国的电力库模型，并不断根据自己国家的情况进行调整。

北欧在世界上建立了第一个较为完善的跨国电力市场，并逐步扩大。目前，已经实现与欧盟范围内多个市场的耦合。

英国和北欧、欧盟耦合电力市场整体上有较多相似之处，很多文献中将其称为"分散式"市场，认为其中长期合约是物理的合约。

欧洲的现货交易市场由两部分组成：统一出清的日前市场和连续交易的日内市场。系统实时的不平衡由 TSO 组织的平衡市场负责。图 1-20 是欧洲主要电力市场的情况。

2. 运营模式

英国目前主要有 EPEX SPOT 和 N2EX 两家电力交易所开展电力现货交

易，二者提供的交易品种十分类似。以 EPEX SPOT 交易所为例，介绍其交易结算出清方式。其主要包括拍卖交易和滚动交易两种交易类型。

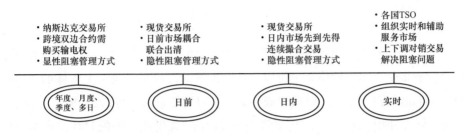

图 1-20　欧洲电力市场

（1）拍卖交易

拍卖交易，是指买方和卖方需要在规定的关闸时间前，通过交易平台提交买电报价或卖电报价，交易平台将所有的买卖报价汇总之后，统一计算得到市场出清结果，类似于股票市场开市前的集合竞价。

交易时间：上下午各一次，全年无休。

EPEX SPOT 的拍卖交易提前一天进行，每天上午和下午分别组织一次。其中，上午的拍卖交易针对第二天 24 个时段（1 小时为一个时段）的电力进行交易，11：00 报价截止，11：42 发布市场出清结果；下午的拍卖交易针对第二天 48 个时段（0.5 小时为一个时段）的电力进行交易，15：30 报价截止，15：45 发布市场出清结果。

报价形式：灵活多样，自由选择。

（2）滚动交易

所谓滚动交易，是指买方和卖方一直到实际发用电前的 1 小时，可以随时提交卖电报价或买电报价，交易平台按照"时间优先、价格优先"的原则对买方报价和卖方报价进行持续的撮合匹配，类似于股市 9：30 之后的连续交易。滚动交易中，市场成员可以看见市场中已经提交的买电和卖电报价（匿名报价），然后提交自己的报价。

能量块的类型：长短结合。

EPEX SPOT 的滚动交易包括两类，一类是针对较短时段的能量块（0.5小时块、1 小时块、2 小时块和 4 小时块）的滚动交易，提前 2 天开始交易（4小时块提前 7 天）；另一类是针对较长时段的能量块（如基荷能量块、峰荷能量块、非峰荷能量块、夜间负荷能量块等）的滚动交易，提前 7 天就可以开始交易。

能量块的划分：标准化产品。

3. 交易出清

在拍卖交易中，市场成员既可以针对每个时段分别报价，同一时段的电量可分割成多份、多个价格；也可以将几个连续的时段组合成一个整体的"能量块"，例如，将第 3、4 个时段组成一个 2 小时的能量块，将第 8、9、10 个时段组成一个 3 小时的能量块，甚至将全天 24 个时段组成一个能量块。市场出清计算时，能量块所包含的时段作为一个整体进行出清，也就是说要么都成交，要么都不能成交。

此外，市场成员还可以设置不同能量块之间的成交关系。例如，可以将能量块 A 和能量块 B 设置成母子关系，那么只有当块 A 成交时，块 B 才能成交；如果块 A 不成交，块 B 也不能成交。也可以将两个能量块设置成互斥关系，市场出清时只能有一个能量块成交，不能同时成交。

在拍卖交易中，市场成员可以自己定义能量块的时段，但滚动交易中能量块的时段划分是由交易中心制定的标准化产品，市场成员只能针对这些标准化的时段提交买电或卖电报价。例如，一天有六个 4 小时能量块，第一个 4 小时能量块为 23：00～3：00，第二个为 3：00～7：00，依次类推；峰荷能量块为 7：00～19：00，夜间负荷能量块是从 23：00 到次日 7：00。

4. 交易结算

（1）结算基本情况

英国电力市场中，场外交易（OTC，大部分为中长期交易）可自行结算，也可选择交易所指定的结算公司结算。自愿选择在交易所进行的短期（日前和日内等）场内交易，由交易所指定的结算公司结算。平衡市场由英国国家电网公司的子公司 ELEXON 结算。差价合约和容量市场由 ELEXON 的子公司（EMR Settlement Ltd.）结算。

短期交易可选择的交易所有 EPEX SPOT UK（原 APX Power UK）和 N2EX。其中，交易所 EPEX SPOT UK 将结算业务指定到了欧洲商品清算中心 ECC；交易所 N2EX 的结算业务则是由其母公司北欧电力交易所（Nord Pool Spot）的 Clearing and Settlement System（CASS）进行。英国电力市场结算基本情况如图 1-21 所示。

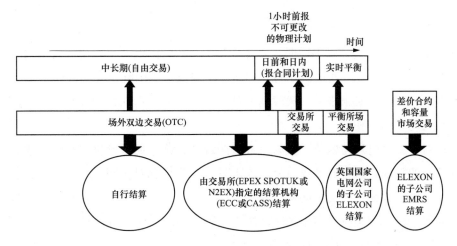

图 1-21　英国电力市场结算基本情况

电力市场改革结算公司（EMRS）是建立于 2014 年 3 月的 ELEXON 公司的全资子公司，基于合同分别向低碳合约公司（LCCC）和电价结算公司（ESC）提供差价合约（CFD）和容量市场（CM）结算服务。英国电力市场改革结算公司（EMRS）关系图如图 1-22 所示。

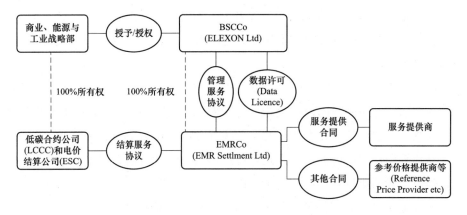

图 1-22　英国电力市场改革结算公司（EMRS）关系图

（2）英国批发电力市场的结算机制

1）双边合同交易电量的结算。

双边合同由市场成员自行协商签订或通过经纪公司组织的 OTC 交易签订，

最长可提前数年，最短只提前几个小时。远期合同可以由交易双方根据合同，自行对交易电量按照合同电价进行结算，或者通过交易所进行清算与最终结算。

双边合同交易量以中远期合同交易为主。在英国电力市场中，交易时段又称结算周期，以 0.5 小时为单位。对于交易对象，英国电力批发市场中 90% 的场外远期合同是对未来某一段时间的基荷进行交易，远期合同在每个交易时段交割的电量基本相同。

对于交易电量与电价，交易双方参照现货价格、期货价格等相关数据，结合自身的需求，参考市场供给量、需求量等变化情况对合同电量、电价进行协商。英国的远期合同交易同样存在不平衡电量结算问题，是通过日前市场细化合同电量、通过实时平衡市场来解决不平衡电量的交易和结算问题。

2）交易所的交易电量的结算。

英国有 EPEX SPOT UK 和 N2EX 两家电力交易所开展实物电力交易，二者互为竞争关系。交易所为英国现货和即期电力合约交易，清算和通知提供了一个匿名市场，并提供英国交割清算远期合约的结算平台。交易所内的各类交易均采用匿名方式开展，市场成员必须以现金或信用证的形式提供抵押担保。

远期合同交易离实际运行的时间跨度比较大，容易出现合同电量与实际电量偏差大，可以通过日前短期现货交易对合同电量进行修正。以 APX 电力交易所为例，其交易品种分为拍卖交易、半小时日前拍卖交易、现货交易和即期交易四大类。

其中，拍卖交易和半小时拍卖交易均采用拍卖的交易方式，特点是市场成员必须在固定的关闸时间前提交报价，交易所对买方和卖方报价进行汇总后，统一计算市场出清结果，类似于股票市场开盘前的集合竞价；而现货交易和即期交易均采用连续撮合的交易方式，特点是买方和卖方可以随时报价、随时成交，类似于股票市场开盘后的连续竞价。

保证金情况：以 N2EX 为例说明，N2EX 向交易所的参与者提出抵押保证金要求，通常采用高质量的抵押品，即信用证或现金。首先，基础抵押品需要在交易前提交，以便在交易结算之前限制 N2EX 的风险。这是基于在结算或交付当天发布抵押品前未能结清合约或在非结算日（例如周末或银行假日）采取相同风险的预期违约成本。基础抵押品必须是参与者的 N2EX 抵押品账户中的现金或通过信用证/银行的担保。

基础抵押品是在交易开始前发布的预算（up-front）最低限度的抵押品，每个成员都有义务与结算公司（clearing house）合作估算自己的基础抵押品。基础抵押品的设计旨在控制结算公司的隔夜风险，以限制关闭违约会员的合约（在下一个清算日之前不予抵押）的预期成本。基础抵押品通常需要可控制下一个清算日抵押品交易合约的风险和非清算日（周末和长假期）的风险。

买方的基础抵押品需可控制隔夜市场风险和结算风险。而对于卖方（净空头头寸），基础抵押品需可控制隔夜市场风险和交割风险。

3）平衡机制交易电量的结算。

在英国电力市场中，市场成员根据所签订的合同电量自主决定出力水平或负荷水平，在向系统操作员通报其所希望的发电和负荷水平时，还同时通报在实际运行时是否愿意偏离这些申报的水平，以及针对偏离量所希望得到的补偿。

日前 09：00，NGET 公布相关的市场信息；日前 11：00，市场成员向NGET 提交初始交易通报（Initial Physical Notification，IPN），IPN 包括每个交易时段内的运行曲线，给系统运行机构（SO）提供了市场成员的计划运行水平。

在关闸之前一直可以修改，如果 IPN 不再被修改，在关闸时刻自动成为最终交易通报（Final Physical Notification，FPN）。参与系统平衡控制的成员称为平衡机制单元（Balancing Mechanism Unit，BMU），除了提交 FPN 之外，在关闸时间之前还需提交竞价——报价组合（bid-offer pairs）。其中，竞价（bidding）是 BMU 向 SO 付钱，是针对减少发电量或者增加负荷量的报价信息；报价（offer）是 BMU 向 SO 收费，是针对增加发电量或者减少负荷量的报价信息。

平衡机制于实际运行前 1 小时开始，由 SO 按成本最小的原则接受 BMU 增减出力的报价，以及调用辅助服务来完成电网的实时平衡。0.5 小时的运行周期后，根据 SO 接受 BMU 的上调或下调量，以及相应的 offer 或 bid 的价格，可以计算出平衡机制的现金流，采取按报价支付方式对 BMU 的平衡调整量进行结算。

实际运行结束后，可能出现实际生产或使用电量与交易电量不相等的情况，由 ELEXON 进行不平衡结算。不平衡电量等于计量电量减去合同电量和平衡调整量。

不平衡电量的结算价格采用两部制，分别为系统买入价 Pb 和系统卖出价 Ps。发电商超发电或售电商少用电时的不平衡电量按系统卖出价 Ps 结算，Ps 是被接受的平衡下调量价格的加权平均值；发电商少发电或供电商多用电时的不平衡电量按系统买入价 Pb 结算，Pb 是被接受的平衡上调量价格的加权平均值。不平衡电量的结算费用由不平衡电量与不平衡电价计算得到。

保证金情况：交易主体需提供给基金管理代理（FAA）的信用保证金可以是现金或银行发的信用证。信用保证金计算评估过程比较复杂。信用评估价（CAP）是用于确定一方的能源负债和能源信用额度的一个 1 兆瓦时的能源名义值，该值评估了信用保证的充分性。例如，如果一方有 50 万英镑的信用保险，CAP 的定价为 100 英镑/兆瓦时，则其能源信用保障＝50 万英镑÷100 英镑/兆瓦时＝5000 兆瓦时。

4）各结算部分之间的关系。

简要来看，在双边合同交易中，对通过 OTC 方式签订且结算的远期合同，交易双方需要授权一个通知代理在 BSC 中进行注册，由通知代理将合同电量通知给 BSC 中的合同电量采集系统；对于交易所交易电量和委托交易所结算的双边合同电量，由交易所直接进行通知合同电量采集系统。

合同电量采集系统整合每半小时结算周期的所有合同电量数据，一并传送至结算管理系统。对于平衡机制交易电量，在运行时段结束后，将所接受的所有上调或下调量，以及相应的买入或卖出价格数据输送至结算管理系统。

另外，用电计量系统和发电计量系统将该运行时段用户或发电商的实际用电量和发电量进行采集并传送至结算管理系统。结算管理系统利用收到的信息与数据对 SO 购买的不平衡电量的费用进行计算，将得出的费用传送至资金管理系统进行信息通知与结算。

英国电力市场结算关系总图如图 1-23 所示。

1.3.3　国外电力市场经验总结

通过综合比较美国和欧洲电力市场，我们可以看到它们在电力交易机制和输电安排等方面存在明显的不同，交易电量的结构也不尽相同。在电力市场模式，有两种划分方法，一种划分方法是单边（向）交易和双边（向）交易是对应的，即要么是强制性电力库模式，要么是基于平衡机制的双边交易模式，目前不存在第三种模式。一种划分方法是以做不做安全校核为对应的，即要么是集中式，要么是分散式，同样不存在第三种模式。

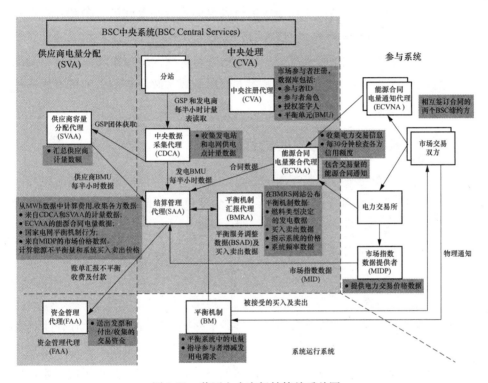

图 1-23　英国电力市场结算关系总图

各国的电力市场模式选择都是从自身国情出发，建立电力市场的功能和目标均是在保证供电安全可靠的前提下，利用市场平台发现价格信号，引导电力投资和运行，优化资源配置，以提高电力系统运行效率，降低系统整体成本。欧洲的电力市场模式是建立在电网阻塞程度相对较轻、市场交易的经济性与电网运行的安全性可相对解耦、市场主体有较成熟的市场参与经验的基础上。美国由于存在众多私营一体化公司、电网所有权分散、线路阻塞较严重，被迫组织 ISO 或 RTO 统一调度，并构建为交易和调度一体化的交易调度中心。可见，各国电力市场化改革的初心，是通过市场实现更有效的资源优化配置，而不是追求设计特定的模式。

我国以省为行政区划，各省经济发展水平不同，具有相应的经济和财税政策。这样的社会和经济环境，是统一电力市场建设必然要考虑的问题，特别是在交易过程中如何处理网络阻塞、输电费用、网损等方面的问题，欧洲各国跨国的统一电力市场提供了一个实践参考。从电力调度模式看，我国当前的电力调度模式，省间通过特高压及联络线进行大范围资源配置和电力余缺互济，省内确保发用电平衡，这种模式与欧洲市场统一市场结构有较多相似之处。目前，我国正处在电力市场改革进一步深化的关口，欧洲统一市场在破除市场壁垒、通过市场实现大范围资源优化配置方面以及减少政府补贴、利用市场消纳新能源方面的做法，对我国来说具有一定的参考价值。

1.4　我国电力市场发展历程

电力体制改革是一个打破垄断的过程，从最早期的国家电力公司的纵向一体化模式，到国家电网公司作为单一买方的发电侧竞争模式，前者已经通过"厂网分开"打破垄断，后者单一买方的垄断模式也已经在新一轮电改中开始被打破。本节根据我国电力体制改革的几个重大节点进行介绍。

1.4.1　厂网分开

长期以来，电力行业被认为是具有自然垄断属性的行业，垄断存在于从发电、输电、配电到售电的电力生产和供应的每一个环节。然而，人们逐渐意识到这种电力行业垂直一体化的结构是缺乏效率的。从 20 世纪 90 年代开始，以英国为首的西方发达国家开始在电力行业引入竞争，并取得了一定的成就。

我国也对电力行业进行了一系列的改革。2002 年，国务院发布《电力体制改革方案》（国发〔2002〕5 号），该方案制定了"厂网分开、主辅分离、输配分开、竞价上网"的电改四大步骤。通过"厂网分开"，形成发电市场的竞争局面；在输配电网方面，由国家电网公司、南方电网公司进行双寡头垄断经营。通过"主辅分离"，形成了中国电力建设集团有限公司和中国能源建设集团有限公司，重建后的两家央企成为以项目总承包、工程管理、设计、施工、修造业务为主的综合性电力建设集团公司。但业界普遍认为"主辅分离"并没有彻底完成，比如输变电设备制造这一电网企业辅助业务并没有从电网企业剥离出去。"输配分开"（将超高压输电网与中、低压的配电网的资源分开，分别经营核算，以形成发电、输电、配电环节的全面竞争）和"竞价上网"（发电公司在上网电价上形成竞争），由于涉及电网的运行安全、效率和可行性等多方面问题，改革难度最大，尚未实施。

迄今，我国电力行业名义上实现了"政企分开"，"厂网分开"做得相对彻底，在发电侧引入了竞争机制，允许多家办电、多种所有者办电。在发电市场上形成了发电企业和电网企业两类市场主体，奠定了多家发电企业之间的横向竞争、发电企业与电网企业之间的纵向竞争的基本格局，基本解决了制约我国经济增长的电力短缺问题。2011 年我国成立了中国电力建设集团和中国能源建设集团，负责电力规划设计、施工等副业，在名义上也实现了"主辅分离"。但"输配分离"一直未有大动作，"竞价上网"虽然经过在东北等区域试点改革，但结果是，不仅发电企业普遍亏损，盈亏无法平衡，电网企业也不乐意接受，因此电力供应不稳定。

目前，经上一轮电力体制改革后，电力行业破除了独家办电的体制束缚，从根本上改变了指令性计划体制和政企不分、厂网不分等问题，初步形成了电力市场主体多元化竞争格局，初步形成了多元化电力市场体系，电价形成机制逐步完善，电力市场化交易和监管积累了重要经验。

这些改革及其成果极大地推动了电力行业的大发展。进入 21 世纪以来，电力行业较好地满足了经济社会发展和人民生产生活对电力的需要，支撑了我国经济总量从 1 万亿美元到 10 万亿美元、一路上升为世界第二大经济体的惊人飞跃。

然而，此次电改存在一些问题。该电改方案的背景是重化工快速发展，电力短缺是主要矛盾，规模发展是主要模式。该轮电改主要着力于促进发电市场的市场化建设，激发发电企业的发展活力，解决电力的短缺问题。但是，由于当时对市场化的理解不够，对市场化改革的难度预见不够，并且由于电力改革牵涉面广、利益错综复杂，结果只实现了厂网分开、主辅分离，而输配分开、竞价上网等改革进展缓慢，电网公司仍垄断终端电力消费市场。

2002 年，电力市场化改革使得电力市场的整体结构从无市场到"不完整市场"，但是整个电力产业链条上的市场主体是缺乏的，从而导致有效电力的交易机制无法建立：如果从发电侧来看，厂网分开虽已实现，但是发电厂绝大多数是国有企业，其价格由国家管制，对价格波动的反应不够敏感，发电量也不能随着市场变化而波动。从售电侧和用电侧看，在输电、配电、售电等环节完全由电网垄断的前提下，普通用户完全没有任何对于电力价格进行议价、对发电侧进行选择的能力，用电端根本不可能成为真正的市场主体。而本应作为一个中立的交易平台和输送通道的电网，前面掌握着发电厂的发电计划，后面掌握着用电端的需求调配，使得电力买家和卖家无法真正见面和议价，因此不会形成一个真正的电力市场机制。在此形势下，新一轮电改应运而生。

1.4.2　新一轮电力体制改革

1. 新一轮电力体制改革背景

中共中央国务院于 2015 年 3 月 15 日发布《关于进一步深化电力体制改革的若干意见》（以下简称 9 号文），开启了新一次电力改革（简称新电改）。随之，在社会各界的期盼中，国家发展改革委又出台 6 个新的配套文件，内容涉及输配电价改革、电力市场建设、组建交易机构、放开发电计划、推进售电侧改革、加强自备电厂监管等，并批复云南、贵州两省开展电改综合试点，北京、广东组建电力交易中心。这标志着新电改制度建设初步完成、正式进入落地实操阶段，对电力企业、工商用户，以及经济发展的影响将进一步显现。

9 号文中对于改革的重点和基本路径可以概括为"三放开、一独立、三加强"，体制框架设计为"放开两头，管住中间"。

"三放开"：一是指放开电价，"有序放开输配以外的竞争性环节电价"，即除了输配电价由政府核准之外，发电厂和用户之间可以直接定价交易；二是指放开配售电，"有序向社会资本放开配售电业务"，即售电公司和新增配电业务，允许民间资本进入；三是指放开发电计划，"有序放开公益性和调节性以外的发电计划"，即政府将不再制定"公益性和调节性"以外的发电计划。"一独立"，是指建立相对独立的电力交易机构，形成公平规范的市场交易平台。"三加强"是指进一步强化政府对垄断领域监管、进一步强化电力统筹规划、进一步强化和提升电力安全高效运行和可靠供应。

"管住中间"是指对具有自然垄断属性的输配电网环节加强政府监管、实行政府定价，确保电网公平开放、市场公平交易，并更好地实现电网科学规划、充分发挥电网规模效益、提高管理效率。"放开两头"是指在发电侧和售电侧实行市场开放准入，引入竞争，放开用户选择权，形成多买多卖的市场格局，价格由市场形成，发挥市场配置资源的决定性作用。

2. 新一轮电力体制改革成效

经过 6 年的艰苦努力，我国电力市场化改革取得了显著成效，主要归结为以下几个方面：

一是成功营造了市场化改革良好氛围，思想认识得到了进一步统一。9 号文明确了电力市场化改革方向，《关于积极推进电力市场化交易进一步完善交易机制的通知》[发改运行（2018）1027 号]进一步强调了不要对逃避市场存在侥幸心理。政府也好，企业也好，从思想上逐步接受市场。虽然有的地方在市场运营中出现了一些问题，但是市场参与各方都在研究考虑如何完善市场、迎难而上，而不是选择退回计划模式、前功尽弃。

二是民营资本规模化进入，市场主体多元化使得市场改革呈现出不可掉头之势。随着售电侧市场改革的突破和推进，民营的售电公司规模不断壮大，形成了推进电力市场化改革的中坚力量。在这样的背景下，谁都没有剥夺具有民营背景的售电公司参与电力市场的权力。多元化的市场主体另一个好处是有利于电力市场规范运营，实现真正的市场价格发现功能。

三是改革在多个方向上取得突破，市场配置资源的决定性作用得到了初步发挥。电力用户与发电企业直接交易市场已经在全国绝大多数省市实质性启动，初步完成了售电侧市场主体的培育，形成了市场化的价格和资源配置方案。国家确定了 8 个电力现货市场试点中，已有广东、甘肃、山西进入了试运行，其他地区也在纷纷酝酿启动。输配电价基本完成了核定工作，并在多个售电侧市场中实施。电力交易中心实现了相对独立并基本完成了股份制改造。辅助服务市场建设全面推进，多个地区进入了实质性运营并发挥了应有的作用。

四是市场建设与运营经验不断积聚，为建设并运营好电力市场打下了坚实的基础。经过几年的实践经验积累，市场参与各方对电力市场的理解和认识大大加深，电力市场研究从单纯学习国外经验转为推动市场机制中国化，从单纯市场规则研究转为推动市场体系建设，从单纯考虑电力市场自身运营效果转为考虑市场运营对上下游和电力行业未来发展的影响。这些经验是下阶段电力市场建设的宝贵财富，有利于提高市场建设的成效、规避市场运营的风险。

3. 新一轮电力体制改革内容

（1）"管住中间"，输配电价独立核算是关键输配电价改革的目的是解决电价制定和监管难的问题。输配电价改革的核心是改变电网的盈利模式。输配电价改革将推进电价的市场化，由开放性的市场决定电价。输配电价独立核算是整个电力市场化改革的关键，也是"网售分离"第一步。输配电价独立核算将改变电网公司以"购销差价"盈利的商业模式，取之以"准许成本加合理收益"的模式，"改变电网公司集电力输送、电力统购统销、调度交易为一体的状况，电网公司不再以上网电价和销售电价价差作为收入来源，按照政府核定的输配电价收取过网费"。看似是电网公司微观盈利模式的改革，而实质上是为电力市场化改革打下基础。

（2）放开跨区域电力交易价格，迈向市场化的第一步

实现跨省、跨区电力交易市场化是电力市场化改革的关键。多年来，我国电力分布不均，80％电能交易在省内进行，人为割据状况阻碍市场机制的实现，一方面是有些省、区电力富余送不出去而弃风、弃光，另一方面是负荷中心价高结构性缺电。跨省、跨区电力交易市场的建立，将有效引导电力资源合理配置。

（3）放开配售电业务和发电计划，对电力市场影响深远

电价市场化改革主要通过售电主体多元化、"有序缩减发用电计划"、引导发电企业和售电公司、用户之间开展直接交易，逐步增加竞价上网和直购电市场化定价的比例。大用户直购电改革开展得比较早、讨论得也比较充分，本文不做赘述。

2014 年 5 月，国家发展改革委颁布《关于加强和改进发电运行调节管理的指导意见》，针对发电计划明确提出了"发电计划安排应坚持市场化改革的方向，逐步缩小""有序放开公益性和调节性以外的发电计划"，保留公益性和调节性发电计划，极大缩减了发电计划。改革的时间表：目前计划是 2015-2018 年，放开 1/3 的发电计划；2018-2020 年，建立比较完善的电力交易市场；2020-2023 年，建立成熟的电力交易市场。

放开发电计划，对发电企业来讲，在电力供给宽松的大背景下，竞争将加剧。发电企业将改变指令性、计划式的生产模式，把更多的精力集中在降耗、降能，降低成本、提高效率和加强管理。通过效率和管理水平的优势来获得市场竞争优势，通过价格优势和服务优势，实现多发、多卖。

放开发电计划，对新能源的发展提供了制度性的保障。新电改方案明确清

洁能源发电依据规划保障性收购，将使清洁能源规划的市场作用和重要性得以加强。对于水电、核电机组来讲，由于具有价格优势，将可能多发多卖。对于环保节能火电机组如何在市场竞争环境下多发电，也寻求政策保障。对于煤炭企业来讲，一方面由于我国经济进入新常态，电力需求增速放缓；另一方面，新电改方案使得清洁能源具有优先发电权，火电企业发电空间受挤压。为了多发电，火电企业有可能压低电价，有可能出现区域性价格恶性竞争。这种恶性价格竞争，将传导到煤炭企业，使煤炭行业面临更严峻的发展环境。煤电一体平稳运行的"煤电互保"将有可能成为众多煤炭企业和发电企业的选择，进一步促使煤电一体化改革。对于政府与电网公司来讲，减少了寻租的机会，有利于电力行业反腐倡廉。

1.4.3　燃煤发电全部进入市场

自 2015 年新电改以来，终端销售电价"双轨制"一直是阻碍电力全面市场化最大的"拦路虎"。虽然国家发展改革委于 2019 年在《全面放开经营性电力用户发用电计划有关要求的通知》中就明确了经营性电力用户的发用电计划原则上全部放开，至今仍有大量的经营性（工商业）电力用户仍未参与市场。而电力作为一种特殊商品，其消费体验的无差别性使得用户仅对实际到户电价的高低敏感，在计划形成的目录销售电价和市场形成的市场化交易电价的比较中作出是否参与市场的抉择，电力用户甚至形成了市场化等于降电价的市场认识。

2021 年，随着煤炭等原材料价格的上涨，煤电企业生存环境日益严峻，电力供应出现逐步短缺的迹象。为保障电力安全稳定度冬，各地陆续开展有序用电措施。2021 年 10 月 11 日，为贯彻落实党中央、国务院决策部署，加快推进电价市场化改革，完善主要由市场决定电价的机制，保障电力安全稳定供应，国家发展改革委发布了《关于进一步深化燃煤发电上网电价市场化改革的通知》（发改价格〔2021〕1439 号）（简称 1439 号文），按照电力体制改革"管住中间、放开两头"总体要求，有序放开全部燃煤发电电量上网电价，扩大市场交易电价上下浮动范围，推动工商业用户都进入市场，取消工商业目录销售电价，保持居民、农业、公益性事业用电价格稳定，充分发挥市场在资源配置中的决定性作用、更好发挥政府作用，保障电力安全稳定供应，促进产业结构优化升级，推动构建新型电力系统，助力"碳达峰碳中和"目标实现。

1439号文中提出，燃煤发电电量原则上全部进入电力市场，通过市场交易在"基准价＋上下浮动"范围内形成上网电价；将燃煤发电市场交易价格浮动范围由现行的上浮不超过10％、下浮原则上不超过15％，扩大为上下浮动原则上均不超过20％；取消工商业目录销售电价。目前尚未进入市场的用户，10千伏及以上的用户要全部进入，其他用户也要尽快进入；对暂未直接从电力市场购电的用户由电网企业代理购电；已参与市场交易、改为电网企业代理购电的用户，其价格按电网企业代理其他用户购电价格的1.5倍执行。随着经营性用户目录销售电价的全面取消，电力用户也被全面推向市场，迎接"能跌能涨"的市场电价。电网企业代理购电作为1439号文提出的引导用户从计划电到市场电过渡的重要举措也备受关注。我国电力市场从此进入了市场化改革的大跨步时代。

第2章　电力市场政策及规则解读

为了进一步深化我国的电力市场建设，国家发展改革委、国家能源局在新一轮电改期间相继发布了一系列电力市场建设相关政策。天津交易中心积极响应国家要求，分别对市场成员注册、交易组织、交易结算以及市场风险监督和管理等方面进行了规范。本章从国家层面分析梳理了我国在新一轮电改期间发布的一系列电力市场建设相关政策，对部分关键政策进行解读，然后从交易管理、交易组织、交易结算等方面，详细介绍了天津交易中心响应国家政策要求所制定的措施。

2.1　国家层面相关政策及关键解读

2015 年，为贯彻落实《中共中央国务院关于进一步深化电力体制改革的若干意见》（中发〔2015〕9 号），推进电力体制改革实施工作，中共中央国务院发布了 6 个配套文件，包括《关于推进输配电价改革的实施意见》《关于推进电力市场建设的实施意见》《关于电力交易机构组建和规范运行的实施意见》《关于有序放开发用电计划的实施意见》《关于推进输配电价改革的实施意见》《关于加强和规范燃煤自备电厂监督管理的指导意见》。

2016 年，为有序向社会资本放开配售电业务，国家发展改革委、国家能源局制定了《售电公司准入与退出管理办法》和《有序放开配电网业务管理办法》。

2017 年，为引导全社会绿色消费，促进清洁能源消纳利用，进一步完善风电、光伏发电的补贴机制，拟在全国范围内试行可再生能源绿色电力证书核发和自愿认购，国家发展改革委、财政部、国家能源局联合印发《关于试行可再生能源绿色电力证书核发及自愿认购交易制度的通知》。

2018 年，为稳妥有序推进电力市场建设，大幅度提高电力市场化交易比重，以市场化方式增加清洁电力供应，国家能源局发布《关于进一步促进发电权交易有关工作的通知》。

2019年，进一步全面放开经营性电力用户发用电计划，提高电力交易市场化程度，深化电力体制改革，国家发展改革委发布《关于全面放开经营性电力用户发用电计划的通知》；同年，为建立促进可再生能源持续健康发展的长效机制，激励全社会加大开发利用可再生能源的力度，国家发展改革委、国家能源局联合印发《关于建立健全可再生能源电力消纳保障机制的通知》。

2020年，为深化电力市场建设，落实电力中长期"六签"工作要求，进一步指导和规范各地电力中长期交易行为，适应现阶段电力中长期交易组织、实施、结算等方面的需要，国家发展改革委、国家能源局发布《电力中长期交易基本规则》。

2021年，为加快推进电价市场化改革，完善主要由市场决定电价的机制，保障电力安全稳定供应，指导各地切实组织开展好电网企业代理购电工作，保障代理购电机制平稳运行。国家发展改革委相继发布《关于进一步深化燃煤发电上网电价市场化改革的通知》《关于组织开展电网企业代理购电工作有关事项的通知》。

国家相关政策文件如表2-1所示。

表2-1　　　　　　　　　　　国家相关政策文件

发布时间（年）	文件标题	文件号
2015	《关于推进输配电价改革的实施意见》	发改经体〔2015〕2752号
	《关于推进电力市场建设的实施意见》	
	《关于电力交易机构组建和规范运行的实施意见》	
	《关于有序放开发用电计划的实施意见》	
	《关于推进输配电价改革的实施意见》	
	《关于加强和规范燃煤自备电厂监督管理的指导意见》	
2016	《售电公司准入与退出管理办法》	发改经体〔2016〕2120号
	《有序放开配电网业务管理办法》	
2017	《绿色电力证书核发及资源认购规则（暂行）》	发改能源〔2017〕132号
	《关于有序放开发用电计划的通知》	发改运行〔2017〕294号
2018	《关于进一步促进发电权交易有关工作的通知》	国能发监管〔2018〕36号

续表

发布时间（年）	文件标题	文件号
2019	《关于规范优先发电优先购电计划管理的通知》	发改运行〔2019〕144 号
	《关于降低一般工商业电价的通知》	发改价格〔2019〕842 号
	《关于全面放开经营性电力用户发电的通知》	发改运行〔2019〕1105 号
	《关于建立健全可再生能源电力消纳保障机制的通知》	发改能源〔2019〕807 号
2020	《电力中长期交易基本规则》	发改能源规〔2020〕889 号
2021	《关于进一步深化燃煤发电上网电价市场化改革的通知》	发改价格〔2021〕1439 号
	《关于组织开展电网企业代理购电工作有关事项的通知》	发改办价格〔2021〕809 号

2.1.1 2020 年版《电力中长期交易基本规则》（简称 889 号文）解读

1. 电力市场成员扩围

889 号文规定，市场成员包括各类发电企业、电网企业、配售电企业、电力交易机构、电力调度机构、电力用户、储能企业等；增加了配售电企业和储能企业。此前，山西、东北、新疆、广东、福建等多个省、自治区均已在文件中肯定储能企业的市场成员地位。

储能参与电力市场的价值可分为三个方面：容量价值、能量价值和辅助服务价值。国内目前有在电网侧、用户侧以及电源侧都有储能示范应用，而且储能成本一直在快速下降。但目前来看，储能参与电力市场也面临面对经济性、政策与技术等多方面挑战。

889 号文提出，电力辅助服务市场（补偿）机制相关规则另行制定，具体市场机制还未明确。

2. 市场主体权利和义务变化

一是增加了售电公司、电力用户以及电网公司依法依规履行清洁能源消纳相关责任。

二是要求发电企业、售电公司等具备满足参与市场化交易要求的技术支持手段。

三是售电公司和用户要提供市场化交易所必需的电力电量需求、典型负荷曲线以及相关生产信息。

四是电网公司向电力交易机构提供支撑市场化交易和市场服务所需的相关数据，按照国家网络安全有关规定实现与电力交易机构的数据交互，预测非市场用户的电力、电量需求等。

五是电力交易机构与市场主体信用评价方面的内容。与 2019 年征求意见稿相比，2020 年正式版删除了电力交易机构"经授权开展市场主体信用评价"。

3. 市场主体准入、注册、退出等

1）在市场准入方面进一步放低门槛：取消电压等级限制，原则上经营性电力用户的发用电计划全部放开。

2）在市场注册方面：办理售电增项业务的发电企业，应当分别以发电企业和售电公司的市场主体类别进行注册。

当售电公司拥有自主权力去选择电力交易机构去办理注册手续时，各个电力交易机构之间可以把注册信息进行有效共享，不再需要二次注册。

3）在市场退出方面明确保底供电价格：无正当理由退市的电力用户，由为其提供输配电服务的电网企业承担保底供电责任。电网企业与电力用户交易的保底价格在电力用户缴纳输配电价的基础上，按照政府核定的目录电价的 1.2～2 倍执行。完成市场注册且已开展交易的电力用户，合同期满后未签订新的交易合同但发生实际用电时，不再按照政府目录电价结算。其中，参加批发交易的用户按照各地规则进行偏差结算，参加零售交易的用户按照保底价格进行结算。

4. 丰富交易形式和品种

（1）引入月内（多日）交易

889 号文提出了月内多日交易的概念，月内（多日）交易的标的物为月内剩余天数或者特定天数的电量（或者分时电量）。月内交易主要以集中交易方式开展。根据交易标的物不同，月内交易可定期开市或者连续开市。通过月内（多日）交易可以实现月度发用电计划调整，可以有效减少合同执行偏差，对市场主体极大利好。同时，以市场化方式促进清洁能源消纳利用一直是电改核心任务之一，可再生能源电力消纳保障机制即将实施，但是光伏、水电、风能等清洁能源在月度交易中预测偏差范围较大，月内（多日）连续开市，清洁能源出力预测变为可能。

（2）引入滚动撮合交易

滚动撮合交易是指在规定的交易起止时间内，市场主体可以随时提交购电或者售电信息，电力交易平台按照时间优先、价格优先的原则进行滚动撮合成交。鼓励滚动撮合形式开展的电力中长期交易鼓励连续开市。

（3）引入多年度交易

多年度交易不是一个新事物，处理方式与年度交易相同，国内安徽等省份已开展三年中长期交易。

5. 价格机制变化

1）电能量市场化交易（含省内和跨区跨省）价格包括脱硫、脱硝、除尘和超低排放电价。例如，某机组 2016 年之前已并网，电力市场燃煤电量交易价格 438.6 元/兆瓦时，则此价格已包含超低排放电价 10 元/兆瓦时。若此机组不满足超低排放标准，则按照政府规定进行扣减。

2）市场用户需承担辅助服务费用。辅助服务作为一种公共产品，按照"谁受益、谁承担"原则，889 号文要求用户承担辅助服务费用。

市场用户的用电价格由电能量交易价格、输配电价格、辅助服务费用、政府性基金及附加等构成，促进市场用户公平承担系统责任。输配电价格、政府性基金及附加按照国家有关规定执行。

跨区跨省交易受电地区落地价格由电能量交易价格（送电侧）、输电价格、辅助服务费用、输电损耗构成。

6. 不得人为设置供需比

889 号文提出，除电网安全约束外，不得限制发电企业在自身发电能力范围内的交易电量申报；发电权交易、合同转让交易应当遵循购售双方的意愿，不得人为设置条件。

7. 偏差电量调整机制重大变革

电力市场交易双方根据年度交易合同，在保持后续月份原有分解计划总量不变的前提下，可以于每月 5 日前对年度交易合同中次月分解计划提出调整要求。允许发用双方在协商一致的前提下，可在合同执行一周前进行动态调整。鼓励市场主体通过月内（多日）交易实现月度发用电计划调整，减少合同执行偏差。

在合同电量调整方面，889 号文提出的规则更人性化。一是只要协商一致，后续月份计划电量总量可以变化；二是将合同电量调整窗口后移。如果 889 号文得以实施，售电公司代理用户生产计划的紧急调整、温度骤变等各种突发因素引起的电量剧变，将不再变得棘手。尤其是订单型企业，上一版考核机制下备受争议的局面将得到缓解。预挂牌平衡偏差方式再被推崇。在 2016 年版本中，偏差电量处理有 4 种方式，预挂牌月平衡偏差方式、预挂牌日平衡偏差方式、等比例调整方式以及滚动调整方式。2020 年版本对于其他几种方式一笔带过，主推预挂牌月平衡偏差方式。即系统月度实际用电需求与月度发电计划存在偏差时，可通过发电侧上下调预挂牌机制进行处理。该机制采用"报价不报量"方式，具有调节能力的机组均应当参与上下调报价。滚动调整弊端。目前绝大多数省份都使用偏差电量滚动调整机制，随着各省市场规模不断扩大，可用于月间滚动的基数电量不断变少，加之各类运行限制，越来越呈现"调不动"景象。在当前国家燃煤发电全部进入市场化改革的背景下，滚动电量的概念在未来也将会被逐渐弱化，甚至不复存在。传统的偏差电量平衡机制注重于调度的灵活性，未充分考虑偏差调整的经济性，调整后的机组发电计划无法实现系统发电成本的最小化。

8. 信息披露更加规范

完善的电力市场信息披露制度，对于培育电力市场，提高市场效率，保护投资者及消费者的利益等都有着重要的意义。

889 号文用详细列举的方式，明确了社会公众信息、市场公开信息和私有信息具体内容。社会公众信息是指向社会公众披露的信息；市场公开信息是指向所有市场主体披露的信息；私有信息是指向特定的市场主体披露的信息。

与 2019 年征求意见稿相比，2020 年版本在市场公开信息中删除了"市场主体履约担保情况"。

2.1.2 《关于进一步深化燃煤发电上网电价市场化改革的通知》（简称 1439 号文） 解读

政策出台是在电煤供应紧张导致电力供应严重短缺的背景下，落实 2021 年 10 月 8 日国务院常务会议"关于部署做好今冬明春电力和煤炭等供应"的六条措施和 2021 年 10 月 9 日国家能源委员会议关于能源改革发展工作部署的重要举措，对保障电力安全稳定供应和电力市场持续有效运行具有现实意义和长期价值。

此次改革对保障电力安全稳定供应，进一步深化燃煤发电上网电价市场化改革，实现工商业用户全部进入电力市场、促进电力市场加快建设发展具有现实意义和长期价值，主要体现在以下五个方面。

1）强化电力商品与上下游商产业价格联动，发挥电力市场能源价值传导作用。一方面，市场交易电价上下浮动范围扩大，进一步强化电力商品价格和上游燃料成本、下游用户用电消费的动态联动，充分激发供需双方潜力，缓解电力供应阶段性紧张局面，保障电力安全稳定供应。另一方面，放开全部燃煤发电量，开展电网企业代理购电，推动百万数量级工商业电力用户接受市场化价格，能够进一步增强市场活力，有助于还原电力商品真实价格，更好发挥市场机制作用，引导电力资源优化配置，也为继续放开发用电优先计划、推动售电侧改革提供了价格机制支撑，保障了电力市场长期有效运行。

2）电网企业开展代理购电工作，积极承担社会责任，解决大量一般工商业用户不具备入市交易条件的问题。1439号文明确，10kV及以上用户全部进入市场，其他用户也要尽快进入。工商业用户全面放开规模大、时间短，新入市用户从原先目录电价接受者转变为市场交易参与者需要一个过程，在此期间，对暂未直接从电力市场购电的用户，建立电网企业代理购电机制。无论是从批发市场和零售市场的价格传导机制，还是从电网代理用户范围来看，新政策的发布既是一种在当前价格机制和市场框架下的过渡方案，也是一种可能长期存在的保底供电方案。一方面当前改革最主要的目的是把工商业用户先"放进"市场，当前尚未进入市场的10kV及以上工商业用户数量多，但单体规模小，且缺乏能够适应现货市场交易的表计等硬件设施，要代理这部分用户，售电公司要付出大量的计量成本与管理成本。因此，在售电主体尚未培育出来时，电网企业承担社会责任，通过优化负荷预测体系、完善用户管理能力，代理不具备条件的工商业用户参与市场购电，有效发挥央企社会责任，推动燃煤上网电价改革政策落地，助力市场化改革加快推进。另一方面，对于部分行政单位、小微企业，电网企业代理该部分用户购电或将成为一种长期方案，主要因该部分用户数量虽庞大，但单户用电量较少，代理其参与市场成本极高，售电公司没有动力代理该部分用户，电网企业或将长期承担代理这部分用户保底供电的责任。

3）落实燃煤发电"基准价＋上下浮动"的市场化价格机制，进一步完善中长期交易价格机制。2022 年电力中长期合同签订工作，将鼓励购售双方在中长期合同中设立交易电价随燃料成本变化合理浮动的条款，落实燃煤发电"基准价＋上下浮动"的市场化价格机制。对市场交易电价在规定范围内的合理浮动不得进行干预，让价格合理反映电力供需和成本变化。此外，1439 号文将进一步促进各类电源发电计划放开，尽早实现优先发电与市场的衔接，建立合理的偏差价格形成机制。

4）促进煤电转型升级，加快推动建设新型电力系统。1439 号文提出要完善市场价格机制，推动容量补偿机制和辅助服务市场建设，这将有助于提高燃煤电厂灵活性改造积极性，加快燃煤电厂从电量提供主体向容量和辅助服务提供主体转变，帮助燃煤电厂真正成为新型电力系统的"压舱石、稳定器"，形成技术创新和政策机制创新的共同支撑，构建成本可接受、资源充沛的电力系统调节体系，全面助力我国建设新型电力系统，如期实现"碳达峰碳中和"目标。

5）组织开展好电网代理购电对落实改革、保障电力系统安全稳定运行至关重要。当前电力、煤炭供应紧张，本次改革的关键就是要加快推动全体工商业用户有序进入电力市场，开展电网企业代理购电工作，落实燃煤上网通过电价市场化机制形成，发挥电力市场能源价值传导作用，缓解煤电迫在眉睫的经营压力，确保电力系统安全稳定运行。

2.2　天津电力市场发展过程

2.2.1　电力市场管理方面

1. 交易计划管理

天津电网电量交易计划包括基数发电计划、基数上网计划、发电权/合同转让发电计划、发电权/合同转让上网计划、直接交易发电量计划、直接交易上网电量计划。

2006～2020 年，天津电力交易中心根据年度综合计划及月度发电设备、输变电设备检修计划安排，制定天津电网月度电量交易计划，并按要求通过电网安全校核。各发电企业按照月度计划目标，安排该单位的生产计划。

2007～2014 年，公司按照《天津市电力公司电量交易计划工作管理办法（试行）》（津电交易〔2007〕3 号）的规定，编制月度电量交易计划。

2013 年，为满足天津市"外电入津"的能源需求，开展天津电力交易三年购电方案的编制工作，分析地区能源消纳能力，统一协调购电结构比例。当年，在交易计划年度评价中增加购电合同预测准确率、购电合同调整偏差率指标，并建立了交易计划联席会商机制。

2015～2020 年，按照《国家电网公司季度、月度电能交易计划管理办法》〔国网（交易/3）533—2014〕的规定，交易中心根据年度综合计划及月度发电设备、输变电设备检修计划安排，制定天津电网月度电量交易计划，并在通过电网安全校核后，由各发电企业按照月度计划目标、安排单位生产计划。

2021 年，在 1439 号文发布之后，原基数发电计划、基数上网计划更改为基数/代购发电计划、基数/代购上网计划。

2. 交易合同管理

（1）中长期购售电合同管理

中长期购售电合同类型包括年度基数合同、跨区跨省合同、发电权替代合同、市场化交易合同。统调电厂的年度基数合同形成方式为计划下达签订合同；统调电厂的发电权交易协议形成方式为协商形成合同。合同周期一般为年度。实物合同主要由交易中心和财务部存档，电子合同录入公司经法系统和交易运营系统。年度基数合同签订的依据为天津市工信局印发的年度发电量计划，天津市电力公司配合天津市工信局、华北电网有限公司年度主力电厂发电量计划安排，编制年度购华北电网电量计划。

2005 年，公司按照华北电监局下发的华北区域《购售电合同（示范文本）》《并网调度协议（示范文本）》，与并网发电企业开展签订工作并按要求进行备案。电力（调度）交易中心负责并网调度协议与电网调度信息管理工作，与用户签订的并网调度协议采用由中国电力出版社出版，国家电力监管委员会、国家工商行政管理总局联合制定的并网调度协议（示范文本）。当年 9 月，国家电力监管委员会和国家工商行政管理总局组织检查组开展《购售电合同（示范文本）》《并网调度协议（示范文本）》推行情况及电力"三公"调度情况检查工作。同年，公司调通中心与调度范围内的所有地方自备电厂用户签订《并网调度协议》《购售电合同》。

2009 年 4 月，天津电力交易中心对购售电合同中涉及的考核管理、电费支付等厂网双方关注的重点内容进行规范，按照电监会要求完成合同签订及备案。

2011 年 9 月 27 日，天津电力交易中心修订、印发《天津市电力公司购售电合同管理办法》（津电交易〔2011〕4 号），完善购售电合同管理工作流程和机制。当年公司有风电、火电两种合同范本。发电权协商交易协议的签订依据为天津市工信局和华北电监局批复文件及华北电网公司计划文件，文件下达后签订。天津电力交易中心跨区跨省交易合同只有与华北电网有限公司的电能交易合同，签订依据为双方发展部协商确定交易电量作为合同电量，其他要求均与年度基数电量合同相同。天津电力交易中心购华北电网有限公司电能交易合同文本采用国家电网公司的《跨区跨省电能易合同》示范文本，没有其他类型的跨区跨省交易的合同文本。

2012 年，天津电力交易中心参照国家工商行政管理总局和国家电监会制定的《购售电合同（示范文本）》（GF-2003-511），起草 2012 年度购售电合同文本。

2013 年，根据《国网交易中心关于购电合同完成率指标考核有关事项的通知》（交综〔2013〕12 号）及《国网交易中心关于组织开展 2013 年度购电合同结构预测调整和 2014 年度购电合同结构预测工作的通知》（交交二函〔2013〕1 号）要求，天津电力交易中心对天津电网 2013 年年度购电合同结构进行重新预测并调整年度购电合同结构。

2014 年，天津电力交易中心承担的企业负责人考核指标——购电合同完成率综合排名国网公司系统第 4 名。其中购电合同预测准确率 100.02%，排名第三；月度购电量计划执行均衡率 92.23%，非指令性跨区跨省交易电量完成128.5 亿千瓦时，清洁能源占比 19.70%。

2015 年，华北能源监管局不再向未取得发电业务许可证的发电企业出具并网函或相关说明文件，按规定不与此类发电企业签订合同。

2016 年，优先发电电量和基数电量纳入厂网双边交易电量，划入电力中长期交易范畴，交易签订厂网间购售电合同。购售电合同采用纸质版合同签订；在天津电力交易平台提交、确认的双边协商交易以及参与集中交易产生的结果，可将电力交易机构出具的电子交易确认单视同为电子合同。国家能源局华北能监局印发《关于转发并落实国家能源局加强发电企业许可监督管理有关事项的通知》，要求 2016 年底前未取得电力业务许可的并网发电项目（可豁免项目除外）须于 2017 年 6 月 30 日前取得电力业务许可证，否则不得上网发电。

2018 年 9 月～2020 年，天津地区以"交易公告＋交易承诺书＋交易结果"等电子合同形式代替交易单。

（2）合同签订

2007 年 4 月 24 日，天津电力交易中心首次与相关发电企业举行购售电合同集体签约仪式，完成 2007 年度购售电合同签订工作，实现购售电合同集体签约工作模式。

2008～2021 年，天津电力交易中心依据天津市政府印发的年度发电量计划文件，每年开展与发电企业的年度购售电合同签订工作。

3. 电力交易平台

（1）天津电网电力市场交易运营系统

为实现国家电网公司多级电力市场交易运营和规范化管理，实现与国家电网公司其他业务应用系统以及各级电力市场交易应用系统之间的互联互通，实现横向和纵向的数据共享和贯通，国家电网公司要求各交易中心开发、建设电力市场交易运营系统。天津电网电力市场交易运营系统于 2007 年 11 月 6 日开始由天津电力交易中心负责建设、改造，其应用管理也由天津电力交易中心负责。该系统由国家电网公司一级统推二级部署、统一运行维护，交易运营系统部署在天津电力交易中心数据中心。当年 12 月 21 日，实现数据纵向贯通。系统当年向国家电网公司电力交易中心报送月度和季度电力电量平衡表、机组基础信息表、电力市场运营分析表等数据报表。

2008 年 4 月 27 日，国家电网公司电力市场交易运营系统测试验收组依据《关于开展天津、安徽、黑龙江电力市场交易运营系统现场测试验收工作的通知》要求，对天津电网电力市场交易运营系统（第一阶段）进行测试验收并通过。同年 5 月，该系统进入试运行阶段；8 月 8 日以电子交易结算单的正式应用为标志，系统进入正式实用化运营阶段，包含合同管理、交易计划、计量管理、结算管理等内容的 40 余张日常工作报表全部产生于系统，实现了电力交易业务的电子流程化。

2009 年 8 月，系统通过合同、交易、计量、结算等核心业务系统功能实用化验收。

2010 年 4 月，系统实现单轨制运行。10 月，完成与财务管控模块的集成，系统"合同管理、信息、发布、市场交易、电量结算"功能得到完善。11 月，通过国家电网公司实用化复验。

2011 年，天津电力交易中心开展天津电网电力市场交易运营系统二期建设。系统二期新增了基础资料管理、短信管理、综合查询等模块，完善了合同、计划、交易、结算等主要业务模块功能。截至当年年底，系统注册单位数 26 家，涵盖省交易中心直属发电厂、统调结算发电企业等，实现了与国网系统的纵向贯通。系统建立了交易中心、发电企业之间数据、信息的沟通平台，实现了交易信息的及时发布和反馈、电厂企业数据的远程申报及管理，将系统使用人员精简为系统报价员，分配有交易、计划、结算、信息查询等功能。当年，天津电网统调电厂主要参与电量交易、计划、结算、替代发电等业务，以及通过系统开展市场成员注册、新机转商运、机组退役申报管理、信息查询工作。

2012 年，天津电力交易中心组织开发商加强运营系统维护工作，对主要功能模块进行升级，增加系统数据自检功能，纵向数据上报的及时性、完整性、准确性达到 100%。

2013 年，天津交易中心在完成系统二级部署实施及试运行基础上，开发完善了交易辅助决策系统。天津电力交易中心当年协助推进国网交易运营 V2.0（二期）系统建设，在国家电网公司系统率先完成地方电厂注册及合同录入工作。

（2）全国统一电力市场交易平台

2014 年，在国网交易运营 V2.0（二期）系统建设成果的基础上，国家电网公司开展全国统一电力市场交易平台建设工作，以支撑总（分）部和省（市）公司两级部署的全国统一电力市场技术平台、支撑电力用户直接交易和跨区跨省电力交易。同年 12 月 4 日，电力交易平台具备试运行条件，上线试运行。

2015 年，交易中心完成省级电力市场平台建设，在第三批推广单位中率先通过单轨运行现场评价。

2016 年，完善统一电力交易平台市场化交易、结算功能，优化平台横向对接功能，实现业务上平台运作，支撑大用户直接交易工作；撮合京津唐电网范围内大容量高效能机组参与交易。同年 9 月份，平台通过国家电网公司电力交易平台专家组深化应用现场验收。

2018 年～2020 年，为满足不断增加的市场主体规模和类型的需要，天津电力交易中心进一步完善电力交易平台功能。

（3）新一代电力交易平台

为深化电力体制改革，不断提高电力交易市场化程度，电力市场建设加速推进，2021 年 9 月，新一代电力交易平台在天津电力市场正式上线。作为公司落实中央部署，加快推进全国电力市场建设的重要抓手，新一代电力交易平台响应国家电力体制改革、电力市场建设加速推进的要求，加快系统建设，适应新的市场环境，支撑现货与中长期、省间与省内两级市场协同运作。

新一代电力交易平台按照"云架构"设计，定位是内外网混合部署，安全等级高，是大型的互联网应用。能够满足中长期及现货市场"市场注册、交易申报、信息发布"统一入口的建设要求，实现"业务运作协同化、信息服务共享化"，助力电网公司打造"电力生态圈"，为能源互联网建设赋能。

4. 发电机组节能减排实时监测

天津地区发电机组节能减排实时监控系统是一套面向天津市的进行热电联产、环保减排的监控工具，其管理信息和实时数据直接来源于天津市的各家电厂。该系统集中管理、监控、经济调度天津市所有热电联产电厂，控制其热电比、节能比、供电煤耗及全厂效率等；其燃煤发电机组烟气脱硫、脱硝设施建设能提高脱硫以及脱硝效率。

2007 年，天津市政府开始建设天津地区发电机组节能减排实时监控管理系统，天津市发展改革委员会委托天津电力交易中心开发此系统。同年 8 月 31 日，"天津地区发电机组节能减排实时监控管理系统"建设项目正式启动。该项目以天津市发展改革委员会为组长单位，天津市经济发展委员会、天津市科学技术委员会为副组长单位，天津市物价局、天津市环保局、天津电力交易中心为成员单位。同年 12 月 27 日，在国电天津第一热电厂召开"天津地区发电机组节能减排实时监控管理系统"项目第一阶段现场小结会，天津电力交易中心进行系统演示。

2008 年 6 月 1 日，天津地区发电机组节能减排实时监控系统上线并投入试运行。系统整合了热电专业和环保专业的特点，以电厂机组为最小监控单元，利用当时软硬件资源和网络资源，实现对电厂的统一实时监控和双边合同交易。发电权交易双方可通过该系统采用市场化手段组织开展交易。

2009 年，根据天津市发展改革委员会等政府部门的要求，天津电力交易中心开展新投机组并网接入系统管理工作，实时监控天津地区 12 家发电企业的

38 台热电/脱硫机组。

2012 年，华北电监局开展区域内火电机组烟气自动在线监测系统联网工作，天津市环保局组织开展小火电机组深度治理工作，对节能减排实时监控管理系统提出更高要求。天津电力交易中心扩展系统实用功能，完善升级系统整体架构，以满足国家电监会、天津市环保局等政府部门对燃煤电厂污染物排放监控及管理的要求，方便用户使用。交易中心负责天津地区发电机组节能减排实时监控管理系统归口管理工作；负责按照节能减排政策，提出该系统功能需求；负责组织协调电厂接入工作并负责协调解决该系统应用过程中相关问题；负责分析天津地区发电机组节能减排情况，定期发布发电机组节能减排数据及监控管理系统的运行情况。

2013 年，天津电力交易中心建设天津地区发电机组节能减排实时监控系统二期并试运行。二期系统增加了自备电厂的热电数据采集与计算分析，实现了对天津电网发电机组运行参数管理、实施动态跟踪管理，能动态跟踪分析脱硝机组的脱硝、发电情况和生产指标，满足了天津市对脱硝机组管理的新要求；实时掌握上网运行的燃煤机组其配套建设的脱硝设施的实际运行状态和脱硝效果；同时细化了权限控制，满足了电厂用户与政府用户的访问需求，电厂热电、脱硫、脱硝数据能准确直接地反映到天津电力交易中心各部门及相关政府部门。

2014 年，天津电力交易中心根据《关于印发能源发展战略行动计划（2014～2020 年）的通知》《关于印发煤电节能减排升级与改造行动计划（2014～2020 年）的通知》等文件，落实华北能源监管局严格规定燃煤发电企业环保设施改造、环保电价执行等政策，按照天津市启动的"万企转型升级行动计划"、《关于燃煤发电机组环保电价及环保设施运行监管有关问题的通知》，建立基于智能监控平台的燃煤机组环保设施运行监控全过程管理体系。当年，天津电力交易中心将 24 台主力燃煤火电机组全部纳入系统监控，并协助政府对排放物超标进行监督考核。

2.2.2　电力交易组织方面

1. 省内电力交易

（1）电力直接交易

1）新建发电机组转商业运营。

新建发电机组指"按照国家有关规定经核准的与省级及以上电网并网运行的新建火力发电机组、新建水力发电机组"。进入商业运营时，新建火力发电机组应完成分部试运、整套启动试运并签署机组启动验收交接书，新建水力发电机组应完成带负荷连续运行、可靠性运行并签署机组启动验收鉴定书；同时，要与电网企业签订《并网调度协议》并报所在地电力监管机构备案。新建发电机组满足商业运营条件后，发电企业应当向电网企业提出转入商业运营的申请；电网企业负责对申请情况进行核实并回复。新建发电机组从进入商业运营之日起纳入并网发电机组运行管理考核范畴。天津电力交易中心负责新建发电机组电量结算工作，负责与发电企业进行联络，受理、答复发电企业关于新建发电机组进入商业运营的申请，并组织有关部门对新建发电机组是否具备进入商业运营条件进行审核。

2003～2020年期间，天津电力交易中心依据国家电力监管委员会《新建发电机组进入商业运营管理办法（试行）》（办市场〔2007〕40号）、《天津电网新投产电厂（机组）进入商业运行管理办法（试行）》（津电交易〔2007〕2号）、《关于印发〈国家电网公司办理新建发电机组进入商业运营工作规定（试行）〉的通知》（国家电网交易〔2009〕216号）及《华北区域发电机组进入及退出商业运营管理实施细则》（华北监能市场〔2014〕196号）、《华北能源监管局关于取消华北区域新建发电机组进入及退出商业运营审核有关事项的通知》（华北监能市场〔2014〕710号）、《华北能源监管局关于华北区域新建发电机组进入及退出商业运营工作有关事宜的通知》（华北监能市场〔2015〕83号）等文件规定开展新建发电机组转商业运营工作。

2）电厂购电管理。

2005年，天津电力交易中心与华北电网天津市电力公司确定《购网电价管理办法》，理顺内部购电价格。

2007年，天津电力交易中心加强对地方电厂的上网管理，分解下达月度发电量计划，实施发电调度曲线管理，对月度计划执行情况进行跟踪考核，天津电力交易中心购电结构得到优化。

2009年，年度发电量计划仍采用京津唐统一平衡模式，天津电力交易中心优化购电结构空间十分有限，对已形成的天津电网独立控制区即联络线考核带来影响。

2011 年，天津电力交易中心购网电量比例适当增加；新能源及清洁能源陆续并网运行，天津电力交易中心购电成本上升。截至当年年底，天津地区并网运行的地方电厂共 18 个，所有地方电厂性质均为公用；天津地区自备电厂均自发自用，电量不上网。

2012 年，交易中心对天津地区各地方电厂的项目核准、发电许可证等情况进行了调研，对在地方电厂购电管理中天津电力交易中心各相关职能部门的职责分工、工作流程进行了梳理，并形成天津电力交易中心《地方电厂购电管理调研报告》。

2013 年，在购电管理方面，天津电力交易中心开展厂用电率核查，制定厂用电率核查方案，对厂用电率较高的发电企业进行核查；建立购电方案制定与跟踪、购电合同签订与执行、购电量计量与结算、购电分析与反馈的管理机制；落实天津电力交易中心关于开展购电经营决策分析的相关工作要求，实施电力交易管理体系建设完善提升方案，并严格购电预算管理、优化购电结构、控制购电成本。天津电力交易中心当年结合分布式电源并网情况，完成地方电厂购电管理体系建设和岗位设置工作；完善基层购电岗位建设标准和流程，完善职责界定。

2014 年，天津电力交易中心将"五位一体"成果应用到购电管理中，推行"事前预判决策、事中跟踪控制、事后分析反馈"的全过程购电管理模式；强化购电精益化管理，加强与国网天津市电力公司、华北分部沟通协调，不断增加购网电量比例，持续优化购电结构；加强电力交易过程管控，优化月度购电方案，严格控制地方高电价小容量机组出力；建立"日跟踪、周分析、月反馈"的购电过程动态管控体系。天津电力交易中心当年调整购电结构，坚持扩大外购电比例与增加可再生能源消耗比例并重的方针，支持风电、太阳能、生物质能发电。

2015 年，华北能监局印发《关于华北区域新建发电机组进入及退出商业运营工作有关事宜的通知》（华北监能市场〔2015〕83 号），要求在完成整套设备启动试运行点 90 日内，新建机组具备商业运营条件的，自动进入商业运营；届时未具备商业运行运营条件的，可申请进行专项核查，经核查认定属发电企业自身原因的，必须在具备商业运营条件时进入商业运营，同时按调试电价追溯结算已按国家规定电价结算的电量。

2016 年，华北能监局印发《华北能源监管局关于转发并落实国家能源局加强发电企业许可监督管理有关事项的通知》（华北监能资质〔2016〕578 号），要求各发电企业迅速排查管辖范围内并网的发电项目取得电力业务许可的情况。对未取得电力业务许可的并网发电项目，**应立即办理相关手续**；对存在超期服役机组的发电企业，应及时办理退役、注销许可等工作手续。

2018 年，天津电力交易中心加强对购厂电量的分析，对购电结构变化导致的均价统计分析研究。

2019 年，天津电力交易中心对发电企业的结算凭证采用电子签章形式，为市场主体提供便捷服务。

（2）发电权交易

发电权交易是指以市场方式实现发电机组、发电厂之间电量替代的交易行为，也称替代发电交易。

2007 年，按照《国家电网天津市电力公司关于"以大代小"发电权交易工作指导意见》（国家电网交易〔2007〕729 号）、《天津市"以大代小"实施替代发电的指导意见》（津经电〔2007〕11 号）要求，天津电力交易中心开始开展"以大代小"发电权交易工作，由高效率、低耗煤的大机组替代耗煤水平高的小机组。天津电力交易中心负责与华北电网有限天津市电力公司协商，具体开展替代发电工作，主要包括搭建平台、组织申报、制订计划、安全校核、合同签订和电费结算。

2008 年，交易中心作为购电方，参加了华北电网 2008 年发电权交易协议签字仪式，与华北电网有限公司、天津电力交易中心、国华盘电、华能杨柳青电厂、静海热电厂签订协议。

2009 年，天津电力交易中心组织天津军粮城发电有限公司、天津市电力公司实施内部发电权替代工作。

2010 年，根据《发电权交易监管暂行办法》（电监市场〔2008〕15 号）规定，天津电力交易中心结合天津电网实际，制定天津电网替代发电网损测算原则为电量取值与电量流向、线路损耗和变电损耗、平均取值与区别过网原则。

2013 年，天津电力交易中心在以往年度双边交易的基础上，丰富发电权交易品种，编制 2013 年发电权集中交易方案，开发发电权交易平台，尝试开展发电权集中交易，为发电企业开展发电权指标有偿转让提供便利。同时，天津电力交易中心组织在役机组开展发电权交易，扩大"以大代小"交易范围，增加交易电量。

2014～2020年，交易中心按照天津市政府关于各年度替代交易和年度发电计划批复文件，组织关停、在役替代机组开展发电权申报、交易组织和合同签订工作。

2018年，国家发展改革委办公厅发布《关于做好京津唐电网淘汰关停煤电机组发电计划补偿工作的通知》（发改办运行〔2018〕1669号），进一步明确天津市电网所属本地机组及点对网送电煤电机组被纳入关停计划，符合条件的淘汰关停和应急备用煤电机组可享受5年的发电计划补偿。

（3）电力直接交易规则

2016年，天津市发布《市工业和信息化委关于天津市电力直接交易工作有关事项的通知》（津电工信〔2016〕9号）。10月28日，天津地区首批电力用户与发电企业直接交易结果正式出清。

2017～2019年，天津市工信委出台《关于做好天津市2017年电力直接交易工作的通知》（津电工信〔2017〕11号）、《关于做好天津电网2018年电力直接交易工作的通知》（津电工信〔2018〕4号）、《关于做好天津市2019年电力直接交易工作的通知》（津工信电力〔2019〕8号），通知明确了各年度交易规模、交易方式、结算方式及偏差考核、售电天津电力交易中心电力直接交易规则等相关内容，交易模式由价差传导模式转变成输配电价模式。

2020～2021年，按照《关于做好天津电网2020年电力直接交易工作的通知》要求，天津市电力直接交易按照燃煤、燃气配比3.6∶1的比例开展，电力用户、售电天津电力交易中心需完全按照配比比例要求完成电力直接交易工作。

2021年10月，1439号文发布，根据国家改革系列政策要求，天津电力交易中心及时组织月度交易以及2022年度交易、合同调整、零售套餐调整等工作，保障政策过渡期电力市场平稳有序发展。

2. 跨省区电力交易

（1）外购电量

2006～2020年，天津电力交易中心的独立购电权不同于其他网省天津电力交易中心。天津电力交易中心作为独立的购电实体，开展网省间交易、中短期交易及交易合同签订工作的空间较小。

2003 年，天津市电力公司印发《国网天津市电力公司跨区电能交易管理办法（试行）》（国家电网计〔2003〕49 号）。该办法所指跨区电能交易，是指经由国家电网公司直接经营的区域电网间联络线进行的电能和备用容量交易，以及通过国网天津市电力公司直接经营的输电线路实现的电源点对电网的电能交易。跨区电能交易按交易确定时的时限分为长期交易、年度交易、月度交易、日交易和实时交易。跨区电能交易实行合同管理。

2006 年，天津电力交易中心依据国家电网计〔2003〕49 号文制定交易计划，解决电力供需状况不平衡，调剂地区间电力余缺。

2007 年，天津电网主要通过 4 条 500 千伏线路、9 条 220 千伏线路与华北电网联络。天津电力交易中心主要通过国家电网公司组织跨区交易。

2008 年，国家电网公司在交易组织、输电价格、交易行为等重点方面规范跨区跨省电力交易，逐一检查跨区跨省电力交易的各个环节，对存在的问题进行整改。

2009 年，国家电力监管委员会重点监管跨省（区）电能交易，国家电网公司要求各省公司梳理跨省（区）电能交易，从开展交易的政策依据入手，完善交易细则和管理办法，及时报监管部门审核和备案；突出交易合同和协议的作用，根据交易主体自主协商或交易平台出清结果签订合约，并严格按约定履行。

2012 年，由于京津唐地区负荷增长不足，特别是冀北地区二季度以来负增长的影响，在发电小时数京津唐统一平衡下，天津电力交易中心统调机组停备较多，发电量同比减少，购华北网电量大幅上升。

2016 年 4 月 27 日，天津市委市政府与国家电网公司达成优价电量支持天津企业降本脱困的一致意见。同年 4 月 29 日，经北京电力交易中心组织，天津跨省购山西增量挂牌交易，购得优价电量 5.115 亿千瓦时，并于当年 5～8 月分月实施。当年 8 月 26 日，按照"电力援疆＋市场化"原则，天津市人民政府与新疆维吾尔自治区人民政府签订《天津市人民政府新疆维吾尔自治区人民政府 2016 年电力援疆合作框架协议》。同年 9 月 10 日开始，新疆通过银东直流往天津送电；截至同年 12 月，新疆电网跨区送天津市电量 2 亿千瓦时。

2017 年，天津市政府与新疆维吾尔自治区、山西省政府以会议纪要形式确定全年省间交易电量，并于 5 月起实施。与此同时，天津电力交易中心从新疆维吾尔自治区获取电量 1.82 亿千瓦时，从山西省获取电量 10 亿千瓦时。天津市跨省跨区交易促进了能源资源的大范围优化配置。

2018 年，进一步拓宽外电入津途径，天津电力交易中心在 2016 年开辟跨省跨区直购疆电、晋电基础上，推动政府签订"甘电入津"政府间协议。当年完成交易电量 13.23 亿千瓦时。

2019 年，天津电力交易中心"外电入津"交易电量与 2018 年相比大幅增长，完成 14.15 亿千瓦时。2020 年，天津电力交易中心"外电入津"交易电量完成 14.36 亿千瓦时。

（2）外送电量

2017 年，天津电力交易中心组织天津直调电厂外送电交易累计 8.25 亿千瓦时，其中送京津唐电网及其他地区大用户电量累计 6.99 亿千瓦时、送山东大用户电量 1.26 亿千瓦时。

2019 年，天津电力交易中心组织天津直调电厂外送电电力直接交易电量累计 2.04 亿千瓦时。

（3）发电权交易

2011 年，受节能减排能耗控制和电煤价格居高不下影响，天津地区直调主力电厂替代意愿不强。交易中心协调组织京津唐电网内蒙古、冀北地区电厂参与交易，使天津地区被替代电厂全部达成意向，并通过电网安全校核。

2012 年，天津电力交易中心在被替代需求较大而本地机组替代能力有限、负荷变动急剧的情况下，撮合山西、内蒙古等地大容量机组参与交易，完成年度交易任务。

2013 年，天津电力交易中心撮合内蒙古、冀北地区电厂参与天津地区发电权交易。

2017～2020 年，天津市发电权替代实现全电量跨省跨区交易，并试点开展清洁能源跨省跨区发电权交易。

2.2.3　电力电费结算方面

2006～2020 年，天津电力交易中心与天津电网内独立、地方发电企业及其他跨省（跨区）独立电网经营企业之间按具体规章制度开展电力交易结算管理工作。

2015 年 12 月 16 日，国家电网公司印发《关于进一步明确大用户直接交易结算工作流程和有关规则的通知》。该通知规范了交易组织的各个环节，其中交易中心负责大用户直接交易组织和合同签订，并将直接交易合同信息由交易平台传送至营销系统；在交易结算环节，营销部负责大用户电量信息抄见和确认，并将电量信息由营销系统传送至交易平台；交易中心负责电量分割，并将结果由交易平台传送至营销系统，营销系统据此进行发行电费。

2016 年 11 月，天津电力交易中心增加了电力直接交易等市场化交易结算工作。

2019 年前，天津电力交易中心仅开展批发交易结算；2019 年，天津电力交易中心增加售电公司结算及零售交易结算。

（1）电费结算

自 2002 年厂网分开以后，发电企业和电网企业之间的电费结算由原来电力企业内部行为转变为市场主体之间的交易行为，电费结算出现分歧和矛盾。

为加强发电企业和电网企业电费结算行为监管，2008 年，天津电力交易中心组织专人按时向华北电监局上报电费结算情况，规范电费结算行为。同年 6 月，交易中心组织相关部室研究落实天津电网地方发电企业上网电量结算日调整实施进度、电量核定方式、部室间工作衔接、存在问题等。天津电力交易中心明确 2008 年 6 月开始将天津电网地方发电企业上网电量结算日统一到月末最后一天，同时上网电量核定方式原则上采用天津电力交易中心电能量远传系统进行上网电量核定，现场表进行校对。当年依据国家电网公司《关于开展"三公"调度交易自查整改工作的通知》（国家电网交易〔2008〕510 号）要求，天津电力交易中心组织对"三公"调度交易及网厂电费结算工作进行自查。自查围绕电监会发布的《2007 年全国电力"三公"调度交易及网厂电费结算情况通报》和《2007 年度电力企业信息披露及信息报送监管报告》展开。同时，针对华北电力监管局的《华北区域 2007 年度电力"三公"调度交易及网厂电费结算情况监管通报》提出的华北区域范围内存在的问题进行研究，明确各部室在结算管理中的职责分工，规范天津地区电厂的结算管理。当年电费结算率达 100％。

2009 年 7 月，天津电力交易中心首次完成京津唐区域内 220 千伏及以下电厂购售电合同签订，开展电量结算业务。

2012 年，天津电力交易中心协调相关部门开展电量采集系统的日常维护工作，提高各发电企业上网电量采集数据准确性。

2014 年，由于新能源快速发展，天津电力交易中心加强新能源上网电量分期统计结算工作，明确新能源不具备分期计量情况下的分期上网电量关口计量及统计原则。

2006～2020 年，天津电力交易中心依据双方签订的购售电合同，按时全额向各电厂支付购电费。可再生能源电厂在收到国家拨付的可再生能源补助资金后，及时向各电厂转付补助资金，无故意拖欠电厂上网电费的情况。

（2）结算价格依据

2009～2020 年，燃煤电厂调试电价按照国家发展和改革委员会、国家电力监管委员会、国家能源局印发的《关于规范电能交易价格管理等有关问题的通知》（发改价格〔2009〕2474 号）执行，燃气电厂调试电价按照华北能源监管局印发的《京津唐电网燃气发电机组调试运行期差额资金分配协调会议纪要》（华北监能市场〔2014〕607 号）执行。

2013 年，天津市发电企业在启动调试阶段或由于自身原因停运向电网购买电量时，其价格执行天津市电网销售电价表中大工业类电度电价标准，且不执行峰谷分时电价。

2016～2020 年，天津上网电价与输配电价按照《市发展改革委关于降低燃煤发电上网电价和一般工商业用电价格的通知》（津发改价管〔2016〕2 号）、《市发展改革委关于降低工商业用电价格的通知》（津发改价管〔2016〕508 号）、《市发展改革委关于天津电网 2017～2019 年输配电价的通知》（津发改价管〔2017〕133 号）、《市发展和改革委关于我市调整电力价格的通知》（津发改价管〔2017〕525 号）、《天津市发展改革委关于进一步降低一般工商业电价有关事项的通知》（津发改价管〔2018〕571 号）、《国家发展改革委关于核定区域电网 2018～2019 年输电价格的通知》（发改价格〔2018〕224 号）、《市发展改革委关于调整燃气发电上网电价有关事项的通知》（津发改价综〔2019〕451 号）、《市发展改革委关于印发天津市深化燃煤发电上网电价机制改革实施方案的通知》（津发改规〔2019〕6 号）、《市发改委关于进一步降低我市一般工商业用电价格的通知》（津发改价综〔2019〕354 号）、《市发展改革委关于调整燃气发电上网电价有关事项的通知》(津发改价综〔2019〕451号)、《市发改委关于降低天然气发电上网电价和大工业电价有关事项的通知》(津发改价综〔2020〕295号)、《市发改委关于降低天然气发电上网电价和大工业电价有关事项的通知》(津发改价综〔2020〕295号)等文件要求执行。

2.2.4 市场信息披露方面

市场信息分为社会公众信息、市场公开信息和私有信息。社会公众信息是指向社会公众公布的数据和信息;市场公开信息是向市场成员公开的数据和信息;私有信息是指向特定的市场成员发布的数据和信息,任何单位和个人不得越权获取或泄露私有信息。

(1)社会公众信息

1)电力交易适用的法律、法规以及相关政策文件,电力交易业务流程、管理办法等。

2)国家批准的发电侧上网电价、销售目录电价、输配电价、各类政府性基金及附加、系统备用费以及其他电力交易相关收费标准等。

3)电力市场运行基本情况,包括各类市场主体注册情况,电力交易总体成交电量、价格情况等。

4)电网运行基本情况,包括电网主要网络通道的示意图、各类型发电机组装机总体情况,发用电负荷总体情况等。

5)其他政策法规要求向社会公众公开的信息。

(2)市场公开信息

1)市场主体基本信息,市场主体注册准入以及退出情况。包括企业名称、统一社会信用代码、联系方式、信用评价信息等。

2)发电设备信息,包括发电企业的类型、所属集团、装机容量、检修停运情况,项目投产(退役)计划、投产(退役)情况等。

3)电网运行信息,电网安全运行的主要约束条件、电网重要运行方式的变化情况,电网各断面(设备)、各路径可用输电容量,必开必停机组组合和发电量需求,以及导致断面(设备)限额变化的停电检修等。

4)市场交易类信息,包括年、季、月电力电量平衡预测分析情况,非市场化电量规模以及交易总电量安排、计划分解,各类交易的总成交电量和成交均价，安全校核结果以及原因等。

5）交易执行信息，包括交易计划执行总体情况、计划执行调整以及原因、市场干预情况等。

6）结算类信息，包括合同结算总体完成情况、差额资金每月的盈亏和分摊情况。

7）其他政策法规要求对市场主体公开的信息。

（3）市场私有信息

1）发电机组的机组特性参数、性能指标，电力用户用电特性参数和指标。

2）各市场主体的市场化交易申报电量、申报电价等交易申报信息。

3）各市场主体的各类市场化交易的成交电量以及成交价格等信息。

4）各市场主体的市场化交易合同以及结算明细信息。

市场成员应当遵循及时、准确、完整的原则披露电力市场信息，对其披露信息的真实性负责。对于违反信息披露有关规定的市场成员，可依法依规纳入失信管理，问题严重的可按照规定取消市场准入资格。

电力交易机构、电力调度机构应当公平对待市场主体，无歧视披露社会公众信息和市场公开信息。市场成员严禁超职责范围获取私有信息，不得泄露影响公平竞争和涉及用户隐私的相关信息。

电力交易机构负责市场信息的管理和发布，会同电力调度机构按照市场信息分类及时向社会以及市场主体、政府有关部门发布相关信息。市场主体、电力调度机构应当及时向电力交易机构提供支撑市场化交易开展所需的数据和信息。

在确保安全的基础上，市场信息主要通过电力交易平台、电力交易机构网站进行披露。电力交易机构负责电力交易平台、电力交易机构网站的建设、管理和维护，并为其他市场主体通过电力交易平台、电力交易机构网站披露信息提供便利。电力交易平台、电力交易机构网站安全等级应当满足国家信息安全三级等级防护要求。

市场主体如对披露的相关信息有异议或者疑问，可向电力交易机构、电力调度机构提出，由电力交易机构会同电力调度机构负责解释。

国家能源局派出机构、地方政府电力管理部门根据各地实际制定电力市场信息披露管理办法并监督实施。

第3章 天津电力市场概况

天津电力市场建立以来，市场主体数量在不断增加，交易规模在不断扩大。随着电力市场建立以来国家政策的陆续发布，天津电力市场体系也在逐步完善。本章介绍了天津电力市场基本情况，帮助读者更加全面了解天津电力市场建设现状。

3.1 天津电力市场供需情况

2020 年，天津市全社会用电情况见表 3-1，分月用电情况见表 3-2，行业用电情况见表 3-3。

表 3-1　　　　　　　　　　2020 年天津市全社会用电情况

产业类别	用电量（亿千瓦时）	同比增长（%）	比重（%）
全社会用电量	874.59	−0.44	100
第一产业	14.47	−3.17	1.65
第二产业	558.56	−1.97	63.87
第三产业	175.46	−2.26	20.06
城乡居民用电	126.11	10.43	14.42

表 3-2　　　　　　2020 年天津市全社会分月用电情况　　　　　　万千瓦时

时间	全社会用电量	第一产业	第二产业	第三产业	城乡居民用电
1 月	83646.44	759.65	24845.70	32721.39	25319.68
2 月	58296.6	610.87	8680.23	23885.25	25120.24
3 月	68584.78	487.29	38462.91	13896.53	15738.02
4 月	63400.89	527.87	28293.35	15875.21	18704.43
5 月	65183.44	571.02	31271.46	16429.94	16911.00

时间	全社会用电量	第一产业	第二产业	第三产业	城乡居民用电
6 月	77890.14	590.05	40910.10	19248.54	17141.43
7 月	87987.54	698.87	45515.29	23733.09	18040.27
8 月	87987.54	737.48	35649.62	29597.15	23662.28
9 月	59203.09	672.79	32749.92	25780.36	11770.41
10 月	65257.13	499.05	33257.18	20206.25	11294.64
11 月	78383.2	403.90	40593.70	20566.03	16819.56
12 月	98105.39	450.66	55240.20	24468.3	17946.13

表 3-3　　　　　　　　　　2020 年天津市行业用电情况

行业分类	用电量（亿千瓦时）	同比增长（%）	比重（%）
工业	430.04	−1.35	56.6
化学原料及化学制品制造业	59.15	−1.90	7.79
黑色金属冶炼及压延加工业	78.29	0.41	10.31
废弃资源综合利用业	1.43	48.31	0.18
建筑安装业	2.44	32.35	0.32
软件和信息技术服务业	0.75	129.88	0.09
充换电服务业	2.16	60.88	0.28

2020 年，天津地区总装机容量 1967.37 万千瓦，其中华北调度发电企业 3 家，装机容量 626.00 万千瓦，国网天津市电力公司调度主力发电企业 12 家，装机容量 1015.56 万千瓦，地方发电企业 73 家，装机容量 281.18 万千瓦，并网分布式电源装机容量 44.63 万千瓦。

天津地区总装机容量中，燃煤机组装机 1173.30 万千瓦，占比 62.09%，燃气机组装机 514.20 万千瓦，占比 23.71%，生物质发电装机 34.48 万千瓦，占比 1.82%，风电装机 74.10 万千瓦，占比 3.45%，水电装机 0.58 万千瓦，占比 0.03%，光伏装机 170.71 万千瓦，占比 8.89%，其中光伏电站装机 126.08 万千瓦，分布式光伏装机 44.63 万千瓦。

3.2　天津电力市场建设情况

2020 年，天津电力市场累计注册市场主体 1856 家，其中电网企业 1 家，同比持平；发电企业 73 家，同比增加 12.3%；售电公司 166 家，同比增加

20.3%；直接交易用户 39 家，零售用户 1577 家，同比增加 584.75%。

为积极响应国家关于电力市场有关政策要求，及时对电力交易平台进行升级，为各市场主体提供便捷、实用的平台服务。天津电力交易中心承接新一代电力交易平台华为云适配试点，同时全面启动新一代电力交易平台的建设工作。

3.3 天津电力市场交易情况

3.3.1 电力直接交易

1. 交易电量情况

2020 年，天津市累计交易电量 192.57 亿千瓦时，同比增长 60.47%。其中：域内燃煤电量 126.25 亿千瓦时、域内燃气电量 41.88 亿千瓦时、域外燃煤电量 24.44 亿千瓦时。全年平均交易价格 402.21 元/兆瓦时，累计释放改革红利 2.65 亿元。2020 年发电企业交易电量分析如图 3-1 所示，历年交易电量数据表如图 3-2 所示。

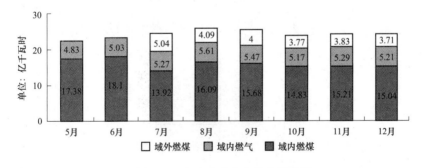

图 3-1 2020 年发电企业交易电量分析

2. 参与交易用户情况

2020 年，实际参与交易用户 1283 户，同比增长 4.41 倍，参与交易率 79.78%。直接交易用户交易电量 26.54 亿千瓦时，占比 13.78%；售电公司代理零售用户交易电量 166.03 亿千瓦时，电量占比 86.22%。2020 年各月电力用户交易电量分析如图 3-3 所示，2020 年各月电力用户交易电量分析如图 3-4 所示。

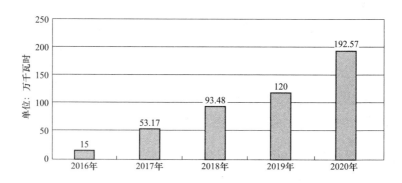

图 3-2   历年交易电量数据表

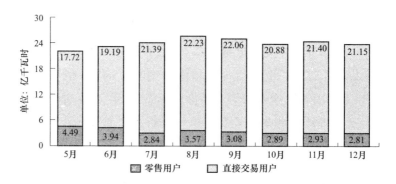

图 3-3   2020 年各月电力用户交易电量分析

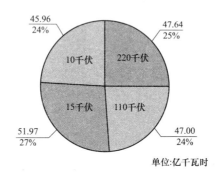

图 3-4   2020 年各月电力用户交易电量分析

3. 售电公司情况

2020 年，天津市累计注册售电公司 167 家，实际参与交易公司 46 家，累计交易电量 166.03 亿千瓦时。其中，发电企业、电网企业、施工设备制造类售电公司交易优势明显。所有售电公司中，国资售电公司 18 户，累计交易电量 100.48 亿千瓦时；民营售电公司 28 户，累计交易电量 65.54 亿千瓦时。2020 年售电公司行业分类分析如图 3-5 所示。

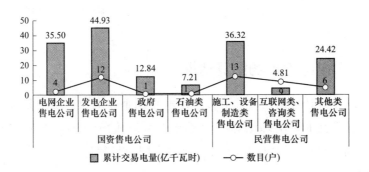

图 3-5　2020 年售电公司行业分类分析

3.3.2　跨省跨区交易

按照政府间协议要求，组织完成"外电入津"跨省跨区交易电量 14.36 亿千瓦时。其中"晋电入津"交易电量 10 亿千瓦时、"疆电入津"交易电量 4 亿千瓦时、"甘电入津"交易电量 0.36 亿千瓦时。2020 年，"外电入津"交易中，清洁能源交易电量 3.66 亿千瓦时，占比 25.48%。2020 年 5～10 月"外电入津"全年交易电量如图 3-6 所示。

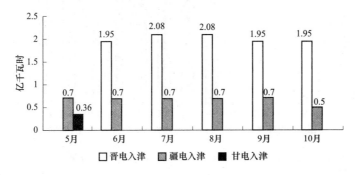

图 3-6　2020 年"外电入津"全年交易电量分析

3.3.3　发电权交易

2020 年 3 月，天津交易中心启动发电权交易组织工作，积极调研发电权交易市场动态，组织关停机组、在役机组交易意向申报，最终出清电量 33.23 亿千瓦时，并于 4～8 月份完成替代结算。本年度，替代电厂全部为天津市域外发电企业，全年节约标煤 19.43 万吨，减排二氧化碳 50.51 万吨，二氧化硫 4088 吨。

3.4 天津电力市场结算情况

从 2020 年统计数据来看，由天津发电直调企业电力直接交易合同电量累计 105.36 亿千瓦时，实际结算电量累计 104.53 亿千瓦时，合同完成率达到 99.21%。同年时间，用电侧电力直接交易合同电量累计 192.57 亿千瓦时，实际结算电量累计达 190.64 亿千瓦时，合同完成率达 99.00%。其中，售电公司直接交易合同电量累计完成 166.03 亿千瓦时，实际结算电量累计 164.38 亿千瓦时，合同完成率为 99.01%；直接交易用户电力直接交易合同电量累计完成 26.54 亿千瓦时，实际结算电量累计 26.26 亿千瓦时，合同完成率为 98.92%。2020 年售电公司直接交易结算情况如图 3-7 所示，2020 年大用户直接交易结算情况如图 3-8 所示。

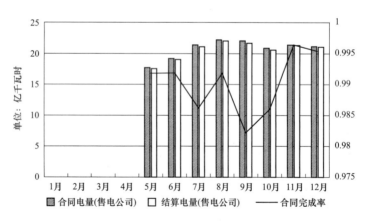

图 3-7　2020 年售电公司直接交易结算情况

2020 年，天津地区市场化交易偏差考核电量累计 0.158 亿千瓦时，偏差考核电费 107.53 万元。其中，大用户直接交易偏差考核电量 0.073 亿千瓦时，占比 46.2%，偏差考核电费 107.53 万元；售电公司及零售用户偏差考核电量 0.085 亿千瓦时，占比 53.8%，偏差考核电费 57.84 万元。

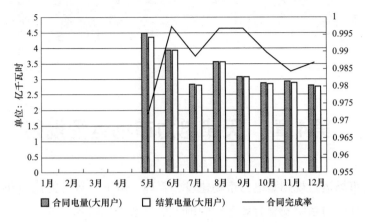

图 3-8　2020 年大用户直接交易结算情况

第4章　天津电力市场运营规则

电力市场运营规则是电力市场建设、管理、组织和运行的规则和准则，它可以在保证电力系统安全有效运行的前提下，通过规定各方的权力、责任、利益之间的关系，引导电力市场中各主体展开有序竞争，规范电力市场秩序，保证电力交易公开、公平、公正进行，优化资源配置，促进电力市场的健康、有序发展。

本章首先梳理了天津市市场主体准入与退出条件；其次结合《天津市 2022 年电力市场化交易工作的通知》（津工信电力〔2021〕36 号）内容，从交易组织安排、交易电量、交易价格、交易结算等方面详细介绍了天津市电力直接交易规则；最后考虑天津电网定位，从交易组织、价格机制、交易结算、相关要求等维度全面描述了京津唐电网电力中长期交易规则，旨在帮助市场主体全面了解天津电力市场交易规则，保障交易顺利开展，提升交易效率。

4.1　天津市场售电公司注册管理

4.1.1　售电公司注册条件

1) 依照《中华人民共和国公司法》登记注册的企业法人。

2) 资产要求：①资产总额不得低于 2 千万元人民币；②当资产总额在 2 千万元至 1 亿元（不含）人民币区间时，有资格从事年售电量不超过 30 亿千瓦时的售电业务；③达资产总额在 1 亿元至 2 亿元（不含）人民币区间时，有资格从事年售电量不超过 60 亿千瓦时的售电业务；④资产总额在 2 亿元人民币以上的，不限制其售电量。

3) 从业人员。售电公司应拥有 10 名及以上具有劳动关系的全职专业人员。专业人员应掌握电力系统基本技术、经济专业知识，具备风险管理、电能管理、节能管理、需求侧管理等能力，有电力、能源、经济、金融等行业 3 年及以上工作经验。其中，至少拥有 1 名高级职称和 3 名中级职称的专业管理人员，技术职称包括电力、经济、会计等相关专业。

4）经营场所和技术支持系统。售电公司应具有固定经营场所及能够满足参加市场交易的报价、信息报送、合同签订、客户服务等功能的电力市场技术支持系统和客户服务平台，参与电力批发市场的售电公司技术支持系统应能接入电力交易平台。

5）信用要求。售电公司法定代表人及主要股东具有良好的财务状况和信用记录，并按照规定要求做出信用承诺，确保诚实守信经营。董事、监事、高级管理人员、从业人员无失信被执行记录。

6）法律、行政法规和地方性法规规定的其他条件。上述公司申请经营范围增项开展售电业务的，新开展的同一笔交易中不能同时作为买方和卖方。电网企业（含关联企业）所属售电公司（含全资、控股或参股）应当具有独立法人资格并且独立运营，确保售电业务从人员、财务、办公地点、信息等方面与其他业务隔离，不得通过电力交易机构、电力调度机构、电网企业获得售电竞争方面的合同商务信息以及超过其他售电公司的优势权利。

4.1.2 售电公司注册程序

1）电力交易机构负责售电公司注册服务，政府部门不得直接办理售电公司注册业务或干预电力交易机构正常办理售电公司注册业务。符合注册条件的售电公司自主选择电力交易机构办理注册，获取交易资格，无需重复注册。已完成注册售电公司按相关交易规则公平参与交易。各电力交易机构按照"一地注册，信息共享"原则，统一售电公司注册服务流程、服务规范、要件清单、审验标准等，明确受理期限、接待日、公示日。其他地区推送的售电公司在售电业务所在行政区域需具备相应的经营场所、技术支持系统后，平等参与当地电力市场化交易。

建立售电公司首注负责制。负责首次办理售电公司注册手续的电力交易机构，负责对其按照本办法规定办理业务的有关材料进行完整性审查，必要时组织对售电公司进行现场核验。鼓励网上办理注册手续，对于网上提交的材料，电力交易机构应与当事人进行原件核对。

2）售电公司办理注册时，应按固定格式签署信用承诺书，并通过电力交易平台向电力交易机构提交以下资料：工商注册信息、法定代表人信息、统一社会信用代码、资产和从业人员信息、开户信息、营业执照、资产证明、经营场所和技术支持系统证明等材料。

① 营业执照经营范围必须明确具备电力销售、售电或电力供应等业务事项。

② 需提供资产证明包括，具备资质、无不良信用记录的会计事务所出具的该售电公司近 3 个月内的资产评估报告，或近 1 年的审计报告，或近 6 个月的验资报告、银行流水，或开户银行出具的实收资本证明。对于成立时间不满 6 个月的售电公司，需提供自市场监督管理部门注册以后到申请市场注册时的资产评估报告，或审计报告，或验资报告、银行流水，或开户银行出具的实收资本证明。

③ 从业人员需提供能够证明售电公司全职在职员工近 3 个月的社保缴费记录、职称证书。从业人员不能同时在两个及以上售电公司重复任职。

④ 经营场所证明需提供商业地产的产权证明或 1 年及以上的房屋出租合同、经营场所照片等。

⑤ 接入电力交易平台的售电公司技术支持系统，需提供安全等级报告和软件著作权证书以及平台功能截图，对于购买或租赁平台的还需提供购买或租赁合同。

拥有配电网运营权的售电公司还需提供配电网电压等级、供电范围、电力业务许可证（供电类）等相关资料。除电网企业存量资产外，现有符合条件的高新产业园区、经济技术开发区和其他企业建设、运营配电网的，履行相应的注册程序后，可自愿转为拥有配电业务的售电公司。

3）接受注册后，电力交易机构要通过电力交易平台、"信用中国"网站等政府指定网站，将售电公司满足注册条件的信息、材料和信用承诺书向社会公示，公示期为 1 个月。电力交易机构收到售电公司提交的注册申请和注册材料后，在 7 个工作日内完成材料完整性审查，并在满足注册条件后完成售电公司的注册手续。对于售电公司提交的注册材料不符合要求的，电力交易机构应予以一次性书面告知。

4）公示期满无异议的售电公司，注册手续自动生效。电力交易机构将公示期满无异议的售电公司纳入自主交易市场主体目录，实行动态管理并向社会公布。

5) 电力交易机构应对公示期间被提出异议的售电公司的异议情况进行调查核实，并根据核实情况分类处理。

① 如因公示材料疏漏缺失或公示期间发生人员等变更而产生异议，售电公司可以补充材料申请再公示。

② 如因材料造假发生异议，售电公司自接到电力交易机构关于异议的告知之日起，5个工作日内无法作出合理解释，电力交机构终止其公示，退回售电公司的注册申请，将情况报送地方主管部门。

6) 电力交易机构按月汇总售电公司注册情况向地方主管部门、能源监管机构备案，并通过电力交易平台、"信用中国"网站等政府指定网站向社会公布。

7) 售电公司注册信息发生变化时，应在5个工作日内向首次注册的电力交易机构申请信息变更。法人信息、公司股东、股权结构、从业人员、配电网资质等发生如下变化的，售电公司需重新签署信用承诺书并予以公示，公示期为7天。

① 企业更名或法定代表人变更。

② 企业控制权转移，因公司股权转让导致公司控股股东或者实际控制人发生变化。

③ 资产总额发生超出注册条件所规定范围的变更。

④ 企业高级或中级职称的专业人员变更。

⑤ 配电网运营资质变化。

4.1.3 售电公司权利和义务

1. 售电公司享有的权利

1) 可以采取多种方式通过电力市场购售电，可通过电力交易平台开展双边协商交易或集中交易。

2) 售电公司自主选择各级电力交易机构进行跨省跨区购电和省内购电。

3) 多个售电公司可以在同一配电区域内售电。同一售电公司可在多个配电区域内售电。

4）可向用户提供包括但不限于合同能源管理、综合节能、合理用能咨询和用电设备运行维护等增值服务，并收取相应费用。

5）可根据用户授权掌握历史用电信息，在电力交易平台进行数据查询和下载。

2. 售电公司应履行的义务

1）承担保密义务，不得泄露用户信息。

2）遵守电力市场交易规则。

3）与用户签订合同，提供优质专业的售电服务，履行合同规定的各项义务。

4）受委托代理用户与电网企业的涉网事宜。

5）按照国家有关规定，在电力交易平台、"信用中国"网站等政府指定网站上公示公司资产、从业人员、场所、技术支持系统、经营状况等信息、证明材料和信用承诺，依法及时对公司重大事项进行公告，并定期公布公司年报。

6）不得干涉用户自由选择售电公司的权利。

7）按照可再生能源电力消纳责任权重有关规定，承担与年售电量相对应的可再生能源电力消纳量。

4.2 天津市电力直接交易规则概述

4.2.1 交易组织安排

1. 年度交易规模

2022年，天津地区电力市场化电力用户直接交易总规模暂定约为300亿千瓦时，区外机组交易电量上限为当期交易电量总规模的30％，年度区外机组交易电量总规模上限为90亿千瓦时。燃气机组电量入市交易暂按同台竞价考虑。

天津大唐国际盘山发电有限责任公司、天津国华盘山发电有限责任公司、天津国投津能发电有限公司等三家500千伏发电企业纳入区内电量份额。

电网企业代理购电交易与直接参与市场化交易执行相同的交易规则和区内外电量比例。电网企业代理购电产生的偏差暂不予考核。

2. 市场主体

市场主体为经准入并在天津电力交易平台注册的发电企业、售电公司和电力用户（含直接交易用户及零售用户，下同）。直接参与市场交易的电力用户全部工商业电量需通过参与市场交易购买，且不得同时参加批发交易和零售交易。

由电网企业代理购电的工商业用户（包括新装用户），可在每季度最后15日前选择下一季度起直接参与市场交易，在电力交易机构完成注册，电网企业代理购电相应终止。

直接参与市场交易的电力用户办理退市，应提前2个月向天津市工业和信息化局（以下简称市工信局）提出退市申请，市工信局审核通过后到天津电力交易中心有限公司（以下简称天津电力交易中心）办理退市手续。

有下列情形之一的，可办理正常退市手续：①电力用户宣告破产，不再用电；②因国家政策、电力市场规则发生重大调整，导致原有市场主体非自身原因无法继续参加市场的情况；③因电网网架结构调整，导致电力用户的用电物理属性无法满足所在地区的市场准入条件。

办理退市手续后仍需用电的，默认改为电网企业代理购电。办理正常退市手续的电力用户，退市后改由电网企业代理购电的执行代理购电价格；用电性质改成居民、农业电价的执行居民、农业销售价格。在无正当理由情况下改由电网企业代理购电的电力用户，用电价格由电网企业代理购电价格的1.5倍、输配电价、政府性基金及附加组成。已直接参与市场交易的高耗能用户，不得退出市场交易。

已直接参与市场交易的电力用户退出市场应提前15个工作日书面告知相关售电公司、电力交易机构以及其他相关方，将所有已签订的合同履行完毕或转让，未履行完毕且未转让的，暂不办理退市手续，并由违约方承担相应的违约责任。天津电力交易中心获得用户书面告知后，在2个工作日内告知电网企业。

3. 交易组织

直接交易用户、售电公司与天津区内发电企业交易，以及零售用户与售电公司交易，由天津电力交易中心组织。直接交易用户、售电公司与天津区外发电企业交易由天津电力交易中心协助北京电力交易中心有限公司（以下简称北京电力交易中心）组织。电网代理购电交易由天津电力交易中心会同北京电力交易中心组织。

4. 批发市场交易方式

电力批发交易是指发电企业、直接交易用户、售电公司通过电力交易平台以双边协商、集中交易、挂牌交易等形式建立购售电关系的市场化交易。

（1）交易品种及交易模式

2022年，天津批发市场交易按照年度、月度、月内交易周期开展。年度交易规模不低于全年交易总规模的80%，年度交易须按月分解计划申报，交易模式为双边协商交易、集中竞价交易模式。月度、月内交易以增量直接交易、合同电量转让交易为主，交易模式为集中竞价交易、挂牌交易模式。适时开展月内旬或周交易。

（2）交易电量申报

1）参与批发侧交易的市场成员包括发电企业、直接交易用户、售电公司，以各自的交易单元进行申报。

2）参与批发市场交易前，售电公司应与零售用户自行约定《市场化购售电合同》内容并完成签订工作。

3）交易公告发布前，两级调度机构应分别向北京电力交易中心、天津电力交易中心提供必开机组交易上、下限，或提交必开机组必发电量需求，由电力交易中心进行发布。

4）交易公告发布前，直接交易用户、售电公司需在天津电力交易中心通知的时间内在天津电力交易平台申报本交易周期内交易电量总需求，天津电力交易中心汇总统计交易电量需求形成当期交易电量规模，并据此核定发电企业、售电公司等市场主体当期交易电量申报限额及区内外电量规模。

5）直接参与电力市场交易的电力用户，年度交易中长期合同签约电量应高于前三年用电量平均值的80%，通过后续月度、月内合同签订，中长期合同应高于前三年用电量平均值的90%。

6）在同一交易周期内单一售电公司申报交易电量不应超过本周期交易电量规模的12%。

7）2022年，发电企业直接交易电量上限系数 K 值取1.4，容量扣除系数 T 取0。

（3）交易组织方式及申报出清原则

交易申报时，发电企业、直接交易用户、售电公司按照区内、区外划分原则，分别在天津、北京电力交易平台申报，申报方式均按一段式（平段）申报电量、电价，燃煤发电企业交易电价在机组核定的"基准价±20%"范围内形成，高耗能企业交易电价上调不受限制。鼓励购售双方在中长期合同签订中明确交易电价随燃料成本变化合理浮动条款。年度交易分月达成交易合同后，一月份分月合同按照达成的电量、电价执行；后续月份交易合同价格可根据燃料成本变化，在合同执行月前经购售双方协商一致，可由购售任意一方通过交易平台发起合同电价调整申请，由另一方确认后生效。如一方发起调整申请，另一方未确认，则认为未达成一致，按照原合同电价进行结算。

（4）交易安全校核

由国家电网华北分部调控中心和国网天津市电力公司电力调度控制中心按调度范围开展直接交易安全校核工作。

（5）交易结果发布

由天津电力交易中心、北京电力交易中心共同发布区内、区外交易结果。天津电力交易中心将交易结果及相关交易数据上报市工信局。

（6）交易合同的签订

交易合同采用电子合同的方式签订。现阶段天津地区电力批发交易市场以"交易公告＋交易承诺书＋交易结果"方式形成电子合同。

5. 零售市场交易方式

电力零售交易是指售电公司向零售用户售电，在约定周期内所提供电力交易相关服务的总称。

（1）零售用户与售电公司的绑定关系

零售用户与售电公司签订购售电合同后，一方通过天津电力交易平台申请绑定，另一方确认后即形成绑定关系。零售用户在同一合同周期内仅可与一家售电公司确立绑定关系，绑定期限按照自然月为最小单位签订，有效期截止至2022年12月31日。

零售用户与售电公司解除绑定关系时，要求双方间无未执行完毕的市场化合同或双方就尚未执行的市场化合同达成解除合同的一致意见，并提交双方协商一致同意解除购售电合同及解除绑定关系的书面申请材料，申请材料需加盖双方的签章，天津电力交易中心按照申请解除其绑定关系。

（2）零售用户结算关键要素

零售用户与售电公司申请绑定关系的同时，需在天津电力交易平台上录入《2022年天津电力零售用户结算关键要素》（以下简称零售用户结算关键要素），具体包括交易周期内购售合同电量、零售交易电价、偏差电量结算方式等核心内容，双方确认后即视为确立零售服务关系，天津电力交易中心将据此开展零售市场的结算工作。交易平台录入零售用户结算关键要素内容应与双方签订的《市场化购售电合同》中的相关内容保持一致，如果二者有差异，以交易平台录入要素为准。零售服务关系建立的起止时间应与绑定期限一致，在绑定期限内未建立零售服务关系的视为无效绑定，每月 15 日 24 点前零售用户与售电公司确立的零售服务关系于次月生效。

售电公司与零售用户在协商一致的前提下，可于每月批发交易开展前（以公告发布时间为准）提出次月零售用户结算关键要素中购售合同电量、零售交易电价的调整申请，在天津电力交易平台开放"零售用户结算关键要素"填报期间，进行零售用户结算关键要素中后续月份的购售合同电量、零售交易电价的线上调整及确认。

6. 合同电量转让交易

1）合同电量转让交易指一方市场主体直接交易合同电量无法履行时，由另一方代发（代用）部分或全部电量。

2）现阶段直接交易用户、售电公司可按月开展批发市场年度分月合同电量转让交易，但仅限于在本地区内转让，适时开展月内合同电量转让交易。鉴于零售用户结算方案有月前调整机制，零售侧的合同转让暂不开展。发电侧合同转让交易范围及方式按照华北能监局相关规定执行。

3）市场主体次月及后期的合同转让交易应在每月月度交易开展前完成。

4）合同转让电量须经过电力调度机构的安全校核后执行，安全校核应综合考虑必开机组、必发电量等因素。

5）为防止买空卖空行为，市场主体不得在同一交易执行期间内同时作为出让方和受让方参加合同电量转让交易，且合同出让方不得再参加涉及该执行期间内的月前或月内增量直接交易。直接交易用户、售电公司合同电量转让交易出让方出售的总电量不得超过其当月全部市场化合同电量总和的 20%。

6）合同电量转让交易需确定交易电量、交易价格等内容，合同电量转让交易不影响出让方原有合同的价格和结算。发电侧在京津唐域内、域外机组间开展合同电量转让交易时，需考虑区域电网实际输电价的影响，由此增加或减少的区域电网实际输电价（费）由出让方承担。区域电网实际输电价（费）按照实际电量进行结算。

7）合同转让交易电量视为出让方完成电量进行统计和结算，并从受让方实际完成电量中扣减。合同电量转让交易由电力交易机构分别向出让方和受让方出具结算依据。

7. 绿色电力交易

绿色电力交易是以绿色电力产品为标的物的电力中长期交易，用以满足发电企业、售电企业、电力用户等市场主体出售、购买、消费绿色电力需求，并提供相应的绿色电力消费认证。

依据《北京电力交易中心绿色电力交易试点实施细则（试行）》，绿色电力交易以年度（多年）、月度（多月）为周期开展，交易方式以挂牌交易为主。有绿色电力需求的市场主体可在年度、月度交易前自主预留部分电量用于绿色电力交易。

2022年绿色电力交易仍以电网企业代理本省用户参加跨省跨区绿色电力交易为主，适时开展省内绿色电力交易。直接交易用户、售电公司可按周向天津电力交易中心申报购电需求，待发电侧资源满足时由北京电力交易中心、天津电力交易中心共同组织绿色电力交易。交易公告发布前，零售用户应与售电公司签订《绿色电力交易授权委托书》，直接交易用户、售电公司需与电网企业签订《绿色电力交易授权委托书》。

天津电力交易中心负责向市场主体出具绿色电力交易结算依据，市场主体根据相关规则进行电费结算，绿色电力交易结算依据随市场主体交易结算单按月发布。

4.2.2 交易电量

1. 直接交易合同电量

直接交易合同电量是指直接交易用户、售电公司与发电企业达成交易并经安全校核后，电力交易机构发布出清的电量。

发电侧直接交易合同电量＝直接交易合同电量对应上网电量＝直接交易合同电量/（1-网损率）。

其中，与京津唐域外机组交易的，网损率按照《关于第二核价周期华北区域电网输电网损的说明》执行，区域电网网损率取2.72％；与京津唐域内机组交易的，区域电网网损率取 0；天津电网网损率取电网企业提供的 2021 年天津电网综合线损率 4.3％，与每月实际用电线损率产生的差值于次月进行清算。

2. 购售合同电量

购售合同电量为售电公司与零售用户通过零售用户结算关键要素约定的电量。

3. 交易偏差电量

发电企业实际发电量超出直接交易合同电量部分定义为超发电量（记为正值），实际发电量低于直接交易合同电量部分定义为少发电量（记为负值），二者统称为发电侧偏差电量。

电力用户、售电公司实际用电量超出直接交易合同电量（购售合同电量）部分定义为超用电量（记为正值），实际用电量低于直接交易合同电量（购售合同电量）部分定义为少用电量（记为负值），二者统称为用电侧偏差电量。其中，售电公司实际用电量取其签约的零售用户抄见电量之和。

4. 网损电量

全部网损电量由电网企业统一购买，并与交易相关的发电企业匹配。

4.2.3 交易电价

1. 直接交易电价

直接交易电价为通过直接交易形成的市场化电价，指直接交易用户、售电公司参与批发交易从发电企业购电的价格，等于发电侧直接交易上网电价（含超低排放等环保电价）。

2. 零售交易电价

零售交易电价为售电公司与零售用户在零售用户结算关键要素中约定的价格。

3. 电力用户到户价

参与市场化交易的直接交易用户到户价由直接交易电价、居民农业新增损益折算价格、网损平均购电价新增损益折算价格、输配电价和政府性基金及附加组成，与京津唐域外机组交易的，输配电价里还应包含区域电网输电价及网损。零售用户到户价由零售交易电价、居民农业新增损益折算价格、网损平均购电价新增损益折算价格、天津电网输配电价和政府性基金及附加组成。对于两部制电价用户，基本电价仍按现行规定标准执行。

4. 输配电价

天津电网的输配电价按照《国家发展改革委关于核定 2020-2022 年省级电网输配电价的通知》（发改价格规〔2020〕1508 号）；区域电网输电价按照《国家发展改革委关于核定 2020-2022 年区域电网输电价格的通知》（发改价格规〔2020〕1441 号）执行；送出省输配电价按国家有关规定执行；执行期内遇价格政策调整，按照有关规定执行。

5. 峰谷电价

执行峰谷电价的电力用户，在参加市场化交易后应当继续执行峰谷电价。依据天津市发展改革委关于峰谷分时电价政策文件，电力用户的尖峰、高峰及低谷电价按"平段价格＋上下浮动"的方式形成。按变压器容量（最大需量/合同需量）计算的基本电价、功率因数调整电费、居民农业新增损益折算价格、网损平均购电价新增损益折算价格、政府性基金及附加不参与浮动。

6. 居民农业新增损益折算价格

居民农业新增损益折算价格为电网企业保障居民农业用电对应的平均购电价格与第二监管周期输配电价核价中核定的平均购电价格相比产生的新增损益，按月由全体工商业用户分摊或分享。

7. 网损平均购电价新增损益折算价格

网损平均购电价新增损益折算价格为电网企业统一购买网损电量的平均购电价格（含保障居民、农业用电产生的网损电量的平均购电价格）与第二监管周期输配电价核价中核定的平均购电价格相比产生的新增损益，按月由全体工商业用户分摊或分享。

4.2.4　交易结算

1）发用解耦结算。发电侧与用电侧电量解耦结算，发电侧实发电量、用电侧实际用电量分别与其合同电量进行比较，计算各自的偏差电量。

2）发、用电两侧合同照付不议，偏差结算。发电企业超发电量获得发电收入，少发电量支付购电费用。用电侧超用电量支付购电费用，少用电量获得售电收入。合同和偏差电量同步结算。

① 发电侧超发、少发电量按照月度竞价出清价格加权平均值乘以发电侧偏

差电量调节系数进行结算。其中，月度竞价出清价格的加权平均值为京津唐全网和区内两类市场的月度竞价出清价格按照电量加权计算，若当月两类市场均未形成月度竞价出清价格，则采用最近一次加权平均值。

② 用电侧超用电量交易结算价格取月度竞价出清价格加权平均值、合同电价最大值乘以用电侧正偏差调节系数进行结算；少用电量交易结算价格取月度竞价出清价格加权平均值、合同电价最小值乘以用电侧负偏差调节系数进行结算。

③ 直接交易用户未参与交易申报或出清电量为零，其全部用电量按照超用电量结算。

④ 未与售电公司绑定的零售用户，其全部用电量暂按直接交易用户超用电量结算方式开展结算，待保底电价相关政策出台后按保底电价进行结算。

3）偏差电量免责。因不可抗力、有序用电造成的合同偏差电量，由市场主体提出偏差电量免责申请，经市工信局审核确认后，天津电力交易中心按照审核结果核定市场主体实际免责偏差电量，售电公司免责偏差电量按签约零售用户实际免责偏差电量的总和核定。经批准后的免责偏差电量于批复免责的当月进行退补清算。

4）不平衡资金的分配。发、用电两侧分别按月分摊各自的不平衡资金，于次月清算。

5）各市场主体偏差电量、电价、免责、不平衡资金分摊、电量统计原则如下：

① 发用解耦结算。发电侧与用电侧电量解耦结算，发电侧实发电量、用电侧实际用电量分别与其合同电量进行比较，计算各自的偏差电量。

② 合同和偏差电量同步结算。直接交易合同电量与偏差电量同步结算，售电公司电费于零售用户结算的当月同步结算。

③ 合同偏差电量计算。发电企业实际发电量超出直接交易合同电量部分定义为超发电量（记为正值），实际发电量低于直接交易合同电量部分定义为少发电量（记为负值），二者统称为发电侧偏差电量。

电力用户、售电公司实际用电量超出直接交易合同电量（购售合同电量）部分定义为该时段超用电量（记为正值），实际用电量低于直接交易合同电量（购售合同电量）部分定义为少用电量（记为负值），二者统称为用电侧偏差电

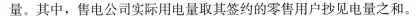

量。其中，售电公司实际用电量取其签约的零售用户抄见电量之和。

④ 电费结算。电力交易机构负责按月向市场主体出具结算依据，市场主体根据现行规定进行电费结算。其中，涉及与北京电力交易中心、天津域外电厂交易结算的，由北京电力交易中心、首都电力交易中心、冀北电力交易中心负责出具结算依据，天津电力交易中心负责审核确认。国网天津市电力公司负责与发电企业、售电公司及经营区域内的电力用户结算相关费用，地方增量配电网负责与其经营区域内的电力用户结算相关费用，并与国网天津市电力公司结算。合同电量转让交易，由电网企业分别与转让双方结算。

⑤ 结算依据内容。电力交易机构向各市场主体提供结算依据，包括以下内容：

a. 发电企业结算依据。实际上网电量；省内保量保价的优发电量合同和各类市场交易合同结算电量、电价和电费；合同偏差电量、电价和电费；新机组调试电量、电价和电费等。

b. 直接交易用户结算依据。各类市场交易合同结算电量、电价和电费；合同偏差电量、电价和电费；分摊的不平衡资金差额或盈余等。

c. 零售电力用户结算依据。根据售电公司与零售用户在交易平台填报的2022年天津电力零售用户结算关键要素，包含购售合同电量、零售交易电价（平段）、偏差电量结算方式等核心内容，计算形成的结算电量、电价和电费；偏差电量、电价和电费。

d. 售电公司结算依据。与发电企业达成的各类市场交易合同结算电量、电价和电费，以及交易引起的区域电网输电费及网损；与零售用户按零售用户结算关键要素计算形成的结算电量、电价和电费；批发市场、零售市场分别计算的偏差电量、电价和电费；分摊的不平衡资金差额或盈余等。

e. 电网企业结算依据。省间、省内保量保价的优发电量合同和各类市场交易合同结算电量、电价和电费；合同偏差电量、电价和电费等。

6）发电侧合同电量结算。发电侧按照合同约定的电价结算合同电量。市场化合同电价均包含环保电价和超低排电价。其中，超低排电价在下一季度首月按照环保部门认定的合格率参照现行规定进行清算。

7）电量清分依据合同偏差电量结算。发电企业超发电量获得发电收入，少发电量支付购电费用。

保量保价的优发部分的超发、少发电量按照政府批复电价进行结算。其超发、少发电量带来的系统偏差电量由全部市场化机组分摊承担。

由于保障居民、农业用电、系统平衡需要等非发电企业原因造成的市场化机组的超发、少发电量不予违约考核，按照月度竞价出清价格加权平均值 $P_{集中}$ 进行结算。

由于非计划停电等发电企业原因造成的发电侧超发、少发电量按下述公式进行结算。

$$超发电量结算电价 \ P_{超发} = P_{集中} \times D$$
$$少发电量结算电价 \ P_{少发} = P_{集中} \times D$$

2022 年，为保证平稳过渡，发电侧偏差电量调节系数 D，暂取 1.0。天津市工业和信息化局将结合市场运营实际，适时调整 D 取值。

8）发电侧结算顺序。发电侧各类合同的结算顺序如下：①保量保价的优发电量合同；②发电权合同；③用于保障居民、农业等用电的市场化合同；④其他市场化交易合同。

9）用电侧合同电量分时段结算。用户侧按照实际用电量的尖峰、峰平、谷各时段的比例分劈交易合同电量，形成各时段合同电量。各时段价格较平段价格的浮动比例参照现行规定执行。

10）偏差电量交易结算。用电侧超用电量支付购电费用，少用电量获得售电收入。各时段合同偏差电量按照偏差电量交易结算价格结算。

$$超用电量交易结算价格 \ P_{超用} = MAX \left[P_{集中}, \ P_{合同} \right] \times U_1$$
$$少用电量交易结算价格 \ P_{少用} = MIN \left[P_{集中}, \ P_{合同} \right] \times U_2$$

式中：$P_{集中}$ 为月度竞价出清价格加权平均值；$P_{合同}$ 为合同电价。

2022 年度，售电公司和直接交易用户实际用电量与总交易合同的偏差率在 ±5%（含 ±5%）以内时，偏差调节系数 U_1、U_2 均取 1，偏差率超出 ±5% 时，在 ±5%（含 ±5%）以内的部分，偏差调节系数 U_1、U_2 均取 1，超出 ±5% 的部分，偏差调节系数 U_1 取 1.05，U_2 取 0.95。

11）零售用户结算。零售用户合同电量、零售交易电价、偏差电量由天津电力交易中心按照售电公司与零售用户通过天津电力交易平台确认的零售用户结算关键要素的约定分时段清分和结算。按照零售用户实际用电量的尖峰、峰、平、谷各时段的比例分劈购售合同电量，形成各时段合同电量。各时段价格较零售交易电价（平段）的浮动比例参照现行规定执行。

购售合同偏差电量按照对应时段偏差电量交易结算价格结算，超用电量支付购电费用，少用电量获得售电收入。

超用电量交易结算价格 $P_{超用} = P_{当月零售交易电价(平段)} \times U_1$；

少用电量交易结算价格 $P_{少用} = P_{当月零售交易电价(平段)} \times U_2$。

零售用户与售电公司自行约定允许偏差电量范围及偏差调节系数，超用电量允许偏差率 L_1（记为正值）、少用电量允许偏差 L_2（记为负值）及偏差调节系数 U_1、U_2 按照以下方式进行约定：

① 当 $L_2 \leqslant$ 零售用户电量偏差率 $\leqslant L_1$ 时，$U_1 = U_2 = 1$；

② 当零售用户电量偏差率 $> L_1$ 时，$1 \leqslant U_1 \leqslant 1.2$；

③ 当零售用户电量偏差率 $< L_2$ 时，$0.8 \leqslant U_2 \leqslant 1$。

12）用户侧超用电量交易结算价格限制。现阶段，对电力用户及售电公司超用电量交易结算价格设置上限值。市场化电力用户超用电量交易结算价格上限值取电网公司代理购电价格的 1.5 倍。当通过调节系数 U 计算的价格高于该上限值时，取上限值进行超用电量结算。

13）用电侧其他电费结算。全部工商业用户按照实际尖、峰、平、谷用电量现行规定结算输配电费、政府性基金及附加费用，其中零售用户不考虑华北电网输配电费及网损。居民农业新增损益折算价格、网损平均购电价新增损益折算价格按照现行规定执行。执行两部制电价用户的基本电价、功率因数调整电费等其他费用，根据国家以及省有关规定进行结算。

14）偏差电量免责。

① 批准免责偏差电量。市场主体应在每月 25 日前向政府电力主管部门提出当月的偏差电量免责申请，经批准后的免责偏差电量于当月结算时进行核减。电力用户（含直接交易用户、零售用户）当月实际免责偏差电量取批准免责偏差电量绝对值与其实际偏差电量绝对值的最小值。售电公司免责偏差电量按签约零售用户实际批准免责差电量的总和核定。

批准的免责偏差电量视为电力用户的完成电量纳入抄见电量叠加计算，其中零售用户的批准免责偏差电量同步纳入售电公司的抄见电量叠加计算。直接交易用户和售电公司的批准免责偏差电量按其当月与发电企业签订的全部交易合同加权平均电价进行清算。

② 零售侧协商免责偏差电量。售电公司与零售用户在协商一致的前提下，

可对当月零售用户的部分偏差电量进行免责结算。每月月底前，零售用户需通过天津电力交易平台向售电公司提出当月偏差电量免责申请，由售电公司确认免责偏差电量后提交至天津电力交易中心受理。

③ 偏差电量结算。零售用户结算时，批准免责偏差电量与零售侧协商免责偏差电量可叠加进行计算，总免责偏差电量以该用户实际产生的偏差电量为限。零售侧协商免责偏差电量不计入售电公司批发侧免责偏差电量结算。

15）不平衡资金的产生。不平衡资金包括以下内容：

① 直接交易用户、售电公司偏差结算造成的损益；

② 发电侧实际发电电量结构与市场化合同电量结构差异造成的损益；

③ 综合线损和实际线损之间的偏差所产生的损益；

④ 超低排电价清算造成的损益；

⑤ 市场化电力用户执行峰谷电价，而发电企业市场化电量不执行峰谷所产生的损益。

16）不平衡资金的分配。发、用电两侧分别按月分摊各自的不平衡资金，于次月清算。其中：

① 直接交易用户、售电公司偏差结算造成的损益，由全部直接交易用户、售电公司按照实际用电量分摊或分享；

② 发电侧实际发电电量结构与市场化合同电量结构差异造成的损益，在全部市场化机组中按照实际上网电量比例分摊或分享；

③ 综合线损和实际线损之间的偏差所产生的损益，由全体工商业用户按照实际用电量的比例分摊或分享；

④ 超低排电价清算造成的损益由全体工商业用户按照实际用电量的比例分摊或分享；

⑤ 市场化电力用户执行峰谷电价，而发电企业市场化电量不执行峰谷所产生的损益，在下一监管周期输配电价中统筹考虑。

17）售电公司费用结算。售电公司在零售市场按照购售合同约定的零售交易电价（平段）售电取得的收入与在批发市场按照平段直接交易电价购电支出的费用（含区域电网输电费及网损、偏差结算费用）的差值结算。

18）绿电交易结算。绿电交易发、用电两侧耦合结算，结算优先级最高。

19）结算校核确认规定。市场主体收到电力交易机构出具的结算依据后，应进行核对确认，如有异议在 2 个工作日内通知电力交易机构，逾期视同没有异议。

20）结算校核争议反馈时限。电力交易机构应在收到市场主体结算校核争议的 1 个工作日内给予回复。

21）追、退补电费。由于政策调整变化、历史发用电量计量差错等原因，需要进行电费追补和退补时，应根据政策文件要求和电网企业推送的修正数据，按照对应的结算规则重新计算，结算结果与历史结算结果的差额部分作为追退补费用。市场主体发生各类电费追补时，造成的不平衡资金金额不超出 1000 元时，不再做平衡资金分配的还原处理，纳入下月平衡账户统一分配。

22）市场化结算电量统计。市场化结算电量按照发电侧实际结算的市场化上网电量进行统计，包括直接交易合同结算电量及合同偏差电量。

23）结算依据归档。结算依据由电力交易机构以纸质或电子文件形式并经盖章后正式出具。电力交易机构以可靠介质妥善保存结算依据及相关资料，保存期限不少于 5 年。

4.2.5 履约保函或保证保险规定

1）为规范售电公司参与电力市场交易的行为，交易前售电公司需按签约零售用户用电总量（简称签约电量）向天津电力交易中心提交见索即付的履约保函或见索即赔的履约保证保险保单，国网天津市电力公司作为履约保函受益人或履约保证保险被保险人，其有效期需满足年度交易周期要求。

2）开具银行保函的金融机构应为经国务院银行业监督管理机构批准设立、颁发金融许可证且具有相应业务资格的商业银行。开具履约保证保险的机构应为具备中国银行保险监督管理委员会或其下属机构颁发的有效的保险经营许可资格、且偿付能力充足率不低于 150% 的持有有效企业营业执照的保险公司。履约保证保险合同需由售电公司提交至被保险人，并满足被保险人对保单的关键条款、保障范围和额度的要求，经审核通过后交由天津电力交易中心管理。

3）签约电量低于 3 亿千瓦时（含 3 亿千瓦时）时，售电公司需提供不低于 100 万元人民币的履约保函或履约保险保单。签约电量高于 3 亿千瓦时时，签约电量每增加 1 亿千瓦时及以内，履约保函或履约保险保单额度提高 30 万元人民币，履约保函或履约保险保单额度上限为 2000 万元人民币。天津电力交易中心按照履约保函或履约保险保单对应的电量限额对售电公司设置交易电量上限。

4）售电公司未及时支付市场化交易损益费用时，其所提交的履约保函或履约保险保单被国网天津市电力公司用于清算相关欠费。当履约保函或履约保险保单额度不足时，售电公司应在交易前补足。

4.2.6 其他规定

1）选择售电公司签约的用户，在同一交易周期内只能通过一家售电公司购电，且不得再与发电企业直接交易。

2）按本通知相关要求，天津电力交易中心做好我市电力交易组织工作，做好履约保函或履约保险保单的收取和管理等工作。

3）售电公司与零售用户可自行拟定《市场化购售电合同》相关内容并完成合同签订工作。同时，天津电力交易中心按照本规则完成《市场化购售电合同结算补充协议（2021 版范本）》编制工作，并向天津市工信局备案。

4）鉴于京津唐电网电力电量统一平衡的特殊性，为保证交易结果的有效执行，相关电力交易中心及时将交易结果纳入发电企业月度发电量计划，做好月度发电计划编制与发布。

5）天津电力交易中心做好市场成员培训工作，推动市场有效开展。

6）交易各方在交易过程中要严格遵守法律法规和有关规则，自觉维护好电力市场秩序，交易过程中不得与其他交易主体串通报价。交易各方应根据自身生产经营情况等据实申报电量、电价，市场主体均不得恶性报量、报价或恶性竞争，影响市场交易正常进行。北京电力交易中心、天津电力交易中心做好市场主体相关违约行为的信用记录和通报等相关工作，并定期上报天津市工信局。

7）任何单位和个人不得非法干预市场。如出现违反有关规则、扰乱市场秩序等现象影响交易正常开展时，天津市工信局将视情况暂停、调整或中止交易，并依法依规追究相关单位和市场主体责任。

8）电力用户应进一步加强电力需求侧管理，建设需求侧管理信息化终端，并接入天津电力需求侧管理平台。

4.3 京津唐电网电力中长期交易规则概述

4.3.1 交易组织

考虑京津唐电网电力电量统一平衡和各省（市）能源供应保障的实际情

况，京津唐电网电力中长期交易由北京电力交易中心会同各省（市）电力交易中心统一开展，发电侧按照京津唐全网范围与各省（市）范围划分为两组。用户侧参与京津唐全网范围与各省（市）范围交易的交易比例、交易电量，按照各省（市）规定执行。

4.3.2　价格机制

1. 直接交易价格

分时段交易完全开展前，鉴于北京、天津、冀北峰谷时段设置不同期和燃煤发电全部上网电量市场化形成的实际情况，发电侧暂按一段式量价开展交易与结算，可取平段成交价格、各时段加权平均价格或其他价格，具体按照各省（市）规定执行并适时调整；用户侧可结合本省（市）峰谷时段设置情况，按照价格主管部门确定的峰谷电价浮动比例或自主协商的形式，开展分时段交易与结算，具体按照各省（市）规定执行并适时调整。

电网企业要对分时电价收入情况单独归集、单独反映，产生的盈亏在下一监管周期省级电网输配电价核定时统筹考虑。

2. 煤电价格联动

鼓励市场化用户与发电企业在年度交易合同中签订分月电量煤电价格联动条款。

3. 电网代理

电网代购用户与市场化用户分月电量加权平均电价保持一致。

4.3.3　交易结算

发电侧与用户侧按照"照付不议，偏差结算"原则解耦结算，发电侧与用户侧结算不平衡资金分开处理，发电侧结算不平衡资金在京津唐全网范围内平衡，用户侧结算不平衡资金在本省（市）范围内平衡。代理工商业用户的偏差电费以及电网企业为保障居民、农业用电价格稳定产生的电费，按照相关文件要求处理。

电力用户、售电公司合同电量按照交易合同（购售合同电量）约定电价结算，合同偏差电量部分按照以下价格分时段结算：

$$P_{超用} = \text{MAX}[P_{月度竞价出清价}, P_{时段合同电价}] \times U_1$$

$$P_{少用} = MIN[P_{月度竞价出清价}, P_{时段合同电价}] \times U_2$$

式中：$P_{超用}$ 为用户侧合同偏差超用电量结算电价；$P_{少用}$ 为用户侧合同偏差少用电量结算电价；$P_{月度竞价出清价}$ 为当月竞价交易的出清电价；$P_{时段合同电价}$ 为电力用户（售电企业）当月的该时段双边交易加权平均电价；U_1、U_2 为调节系数，由各省（市）确定并提前发布，产生的不平衡资金按照各省（市）实际情况分摊。

发电企业合同电量按照交易合同（购售合同电量）约定电价结算。合同偏差电量部分按照月度竞价出清价格结算。超出电价浮动范围部分形成的不平衡资金在发电侧进行分摊。

4.3.4 相关要求

北京电力交易中心要会同省（市）交易中心，不断优化京津唐电网交易组织流程，对于具备合并条件的交易序列，做到应并尽并，以提高交易组织效率、扩大市场竞争范围，并为连续开市创造更好条件。

电网企业要按要求规范代理购电方式流程，单独归集、单独反映代理购电机制执行情况，做好信息公开、电费结算等工作。

发电企业为了保障民生供热、电网安全所需的必发电量，由调度机构按照从紧原则分月测算。鼓励发电企业在交易中心积极落实对应份额。

售电公司及电力用户要积极适应燃煤发电上网电价市场化改革要求，严格执行电力市场交易规则，主动签约、诚信履约，做好用电量预测工作，降低合同电量偏差率。

第5章　天津电力市场主体平台实操介绍

电力交易平台是实现电力交易的重要载体，因此市场主体需要对电力交易平台操作步骤有更为清晰的认识。天津电力市场主体平台注册实操介绍包含 8 个小节，分别从市场成员注册、直接参与电力交易和交易结算模式等部分对天津电力交易平台进行介绍，帮助市场主体了解如何在电力交易平台上进行交易。

5.1　直接交易用户注册

5.1.1　准备工作及注意事项

1）在系统运行流畅的硬件条件下，建议 4G 及以上电脑内存，硬盘及显卡无另外要求。

2）在保证企业安全的要求下，存在部分企业为了保证企业安全禁用电脑 USB 接口的情况，如涉及该类情况，请进行有效沟通。

3）由于注册或交易业务的开展会产生大量用户集中访问登录交易平台的情况，所以建议在网络良好、带宽较高的环境下进行操作。

4）浏览器推荐使用 90 及以上版本的谷歌浏览器。

5.1.2　交易平台注册

1. 进入交易平台

登录天津电力交易中心交易平台，网址为：http：//pmos. tj. sgcc. com. cn，点击【注册】按钮。天津电力交易中心交易平台界面如图 5-1 所示。

2. 注册账号信息

该页面为账号信息注册页面，在该页面需选择市场主体类型为【电力用户】，设置登录账号、登录密码，并再次确认密码。账号注册成功后，点击【继续注册】按钮。注册账号信息界面如图 5-2 所示，注册成功界面如图 5-3 所示。

图 5-1　天津电力交易中心交易平台界面

图 5-2　注册账号信息界面

图 5-3　注册成功界面

3. 注册企业信息

当第一步完成注册账号后，接着进入到企业信息注册页面，企业信息注册一共包含四部分：工商信息、法定代表人信息、银行开户信息、联系信息，如图 5-4～图 5-7 所示。填写完毕后，然后再点击【下一步】，即进入基本信息注册页面。

4. 注册基本信息

注册用户基本信息分为 3 部分：基本信息、联系人信息、附件信息，如图 5-8 和图 5-9 所示。值得注意的是，注册为直接交易用户，在基本信息需要进行勾选。

5. 注册用电单元信息

点击【新增用电单元】按钮，如图 5-10 所示。

若您的用户区域在国家电网公司供电区域内，所属供电区域必须选择【国网天津电力】，在选择完毕后输入户号和密码立即可获得对应的用电单元详细信息。如果在不知营销户号和密码的情形下，请即刻咨询用户所在地营业厅或拨打 95598 询问客服。选择所属供电区域如图 5-11 所示，选择用电单元信息如图 5-12 所示。

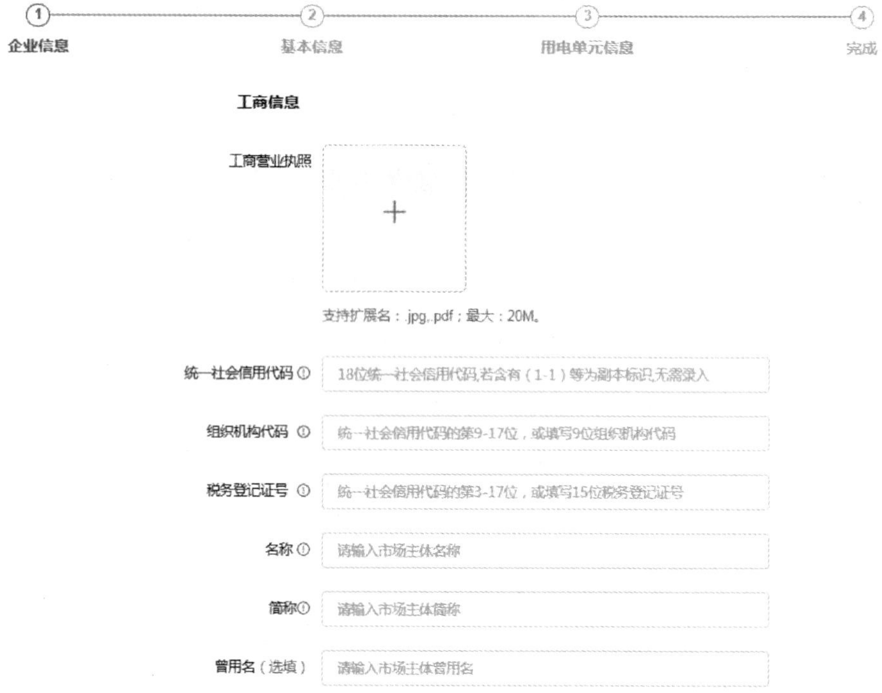

①企业信息　　②基本信息　　③用电单元信息　　④完成

工商信息

工商营业执照

　　　　＋

支持扩展名：.jpg..pdf；最大：20M。

统一社会信用代码 ⓘ　18位统一社会信用代码,若含有（1-1）等为副本标识,无需录入

组织机构代码 ⓘ　统一社会信用代码的第9-17位，或填写9位组织机构代码

税务登记证号 ⓘ　统一社会信用代码的第3-17位，或填写15位税务登记证号

名称 ⓘ　请输入市场主体名称

简称 ⓘ　请输入市场主体简称

曾用名（选填）　请输入市场主体曾用名

图 5-4　基本信息注册（工商信息）

法定代表人信息

证件类型　○ 身份证　○ 护照　○ 港澳通行证　○ 台湾通行证　○ 其他

是否为中国籍　○ 是　○ 否

证件(选填)

　　　　＋

支持扩展名：.jpg..pdf；最大：20M。

姓名　请输入法定代表人姓名，仅支持英文或者汉字

证件号码　请输入法定代表人证件号码

图 5-5　基本信息注册（法定代表人信息）

银行开户信息

账户信息(选填)

+

支持扩展名：.jpg, .pdf；最大：20M。

开户银行 ⓘ 　请输入开户银行

开户名称 ⓘ 　请输入开户名称

开户账户 ⓘ 　请输入开户账户

图 5-6　基本信息注册（银行开户信息）

联系信息

地理区域　　请选择企业所在地理区域　　　　　∨

邮政编码　　请输入邮政编码

企业网址（选填）　http:// ∨ 　请输入企业网址

固话号码　　请输入区号　-　请输入固话号码

传真号码　　区号-传真号

通讯所在地区　省市区县、乡镇等　　　　　　∨

通讯详细地址　街道、楼牌号等

图 5-7　基本信息注册（联系信息）

如果用户您的用电区域是泰达或天保供电区域，所属供电区域请选择【泰达电力】或【天保电力】，选择完毕后记得自行维护用电单元信息。新增用电单元信息如图 5-13 所示。

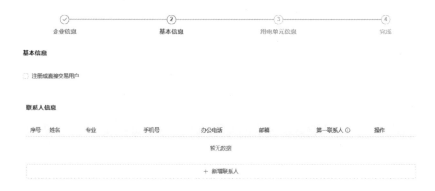

图 5-8　注册基本信息

附件信息

序号	附件类型	附件名称	备注（如上传其他附件，则其备注为必填项）	操作
1	用电企业注册申请表（模板）	⬆上传文件	附件备注	
2	电力市场化交易风险告知书（模板）（一般工商业用户必填）	⬆上传文件	附件备注	
3	非中国大陆籍公民授权委托书（模板）	⬆上传文件	附件备注	
4	与供电公司签订的高压供用电合同（扫描上传合同首页及签署页）	⬆上传文件	附件备注	
5	政府审核意见或准入目录	⬆上传文件	附件备注	
6	其他附件（选填）	⬆上传文件	附件备注	

＋ 新增其他附件

图 5-9　附件信息

注册完毕后，请点击【提交】按钮，即可完成注册流程，等待交易中心审核确认即可。用户单元信息最终显示情况如图 5-14 所示。

6. 数字证书办理及使用

直接交易用户需使用数字证书作为用户登录凭证开展电力交易等业务，数字证书由中国金融认证中心（CFCA）委托北京科东电力控制系统有限责任公司办理。客服时间：周一至周五（节假日除外）上午 8：30～12：00 下午 13：30-17：00。客服电话：400-185-11232. 证书驱动安装：首次插入证书时，如自动弹出驱动安装指引，请按指引进行安装；如无自动安装指引，请打开"我的电脑"找到数字证书盘符，右击"打开"，进入后手动安装 CFCA _ UKTool. exe。安装图标如图 5-15 所示。

图 5-10　新增用电单元

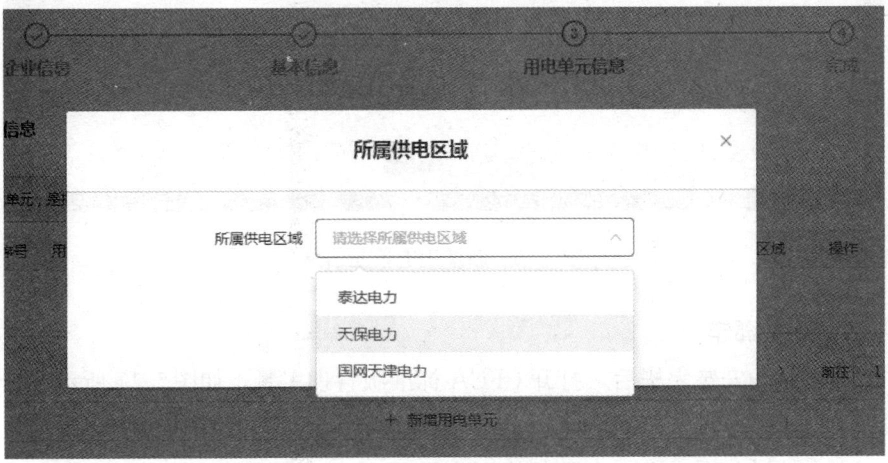

图 5-11　选择所属供电区域

证书驱动安装后，电脑桌面右下角会出现蓝白色图标，如图 5-16 所示。即代表驱动安装成功，再次使用证书时，无需再次安装。

图 5-12　选择用电单元信息

图 5-13　新增用电单元信息

7. 证书绑定

证书驱动安装完毕后，打开 CFCA 标准版管理工具，如图 5-17 所示。

选中证书序列（PMOS@），点击右侧"显示证书"，如图 5-18 所示。

点击"详细信息"，选择"使用者"项，点击"复制到文件"按钮，如图 5-19 所示。

弹出"证书导出向导"，点击"下一步"按钮，如图 5-20 所示。

图 5-14　用户单元信息

图 5-15　安装图标

图 5-16　安装成功图标显示　　　　图 5-17　打开 CFCA 标准版管理工具

选择导出文件格式，继续点击"下一步"按钮，如图 5-21 所示。

将文件名命名为"××公司—数字证书导出文件"形式，点击"下一步"，如图 5-22 所示。

证书导出完毕后，将证书导出文件发送至交易中心邮箱 tjdljyzx@tj.sgcc.com.cn，请将邮件名称务必命名为"××公司—数字证书导出文件"形式。办理两个证书的用户，只需将一个证书文件导出并发送即可，另一个做备用。

交易中心收到证书导出文件后，会开展证书配置工作，配置完毕后，会以短信等方式告知用户进行系统登录测试。配置完成前系统无法登录，如登录提示"证书库中没有可用的证书"或"用户名或密码错误"为正常现象。

图 5-18　选中证书序列

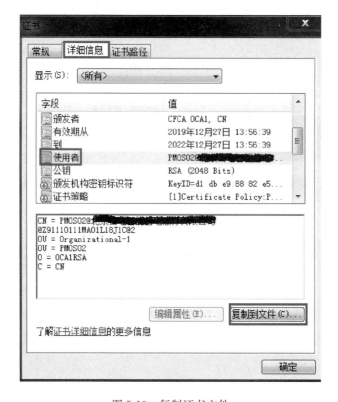

图 5-19　复制证书文件

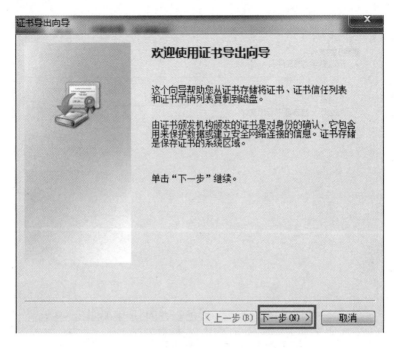

图 5-20　"欢迎使用证书导出向导"界面

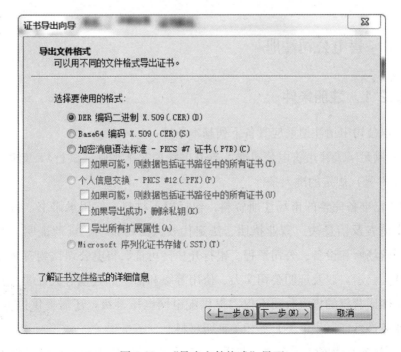

图 5-21　"导出文件格式"界面

图 5-22　指定要导出的文件名

5.2　售电公司注册

5.2.1　注册条件

售电公司申请注册前应具备下列基本条件：

1）满足《天津市售电公司准入与退出管理实施细则（试行）》（津发改规〔2018〕9 号）规定的准入条件。

2）已准备完整的市场注册资料，包括以下材料：信用承诺书、售电公司注册申请表及信息表、营业执照、法定代表人身份证明、资产证明、专业人员、经营场所和设备、公司章程、银行开户许可证、售电公司认为有必要提供并向社会公示，以及证明公司实力、信用等级和信誉的其他有关证明材料。拥有配电网运营权的售电公司不仅需提供配电网电压等级，还需提供供电范围、电力业务许可证（供电类）等相关证明材料。

3）具备互联网接入电脑，推荐 win7 系统，4G 以上内存电脑，推荐使用

360安全浏览器（调整为极速模式）。

5.2.2 注册流程

在天津电力交易中心注册的售电公司可按以下步骤进行注册。

1）登录天津电力交易平台网站（https://pmos. tj. sgcc. com. cn）进行注册信息填报和相关附件上传工作。

2）各售电公司按照附件要求填写并加盖公章，扫描成PDF格式上传（文件名同附件名称）。公示材料中，如企业认为存在涉及隐私或不适宜进行公示的内容，可进行打码处理。在注册过程中应先把网页上信息填写完整并保存后，再做修改。以下为售电公司注册所需材料：

① 售电公司信用承诺书原件；

② 注册申请资料：售电公司公示信息原件；售电公司注册申请书原件；售电公司注册信息表原件；售电公司章程复印件；

③ 注册信息证明资料：工商营业执照复印件；法人代表身份证明复印件；银行开户信息复印件；资产证明复印件；专业人员资质表原件；经营场所证明文件；授权委托书原件；电力市场技术支持系统证明文件；其他资料；

④ 申请拥有配电网运营权的售电公司，还需要提供以下资料：营业执照中经营范围应包含"电力供应"或"配售电"等内容。经过法定验资机构出具的验资报告，以及加盖公司公章的近一年内企业财务报告。电力业务许可证（供电类）复印件。公司安全生产制度复印件。特殊岗位人员（生产运行负责人、技术负责人、安全负责人）的简历、职称证书复印件或岗位培训合格证书复印件。配电区域的证明资料及地理平面图。配电网络分布图。其他相关资料。

在其他电力交易机构注册的售电公司如需在天津地区开展业务，应按照天津市售电公司准入条件补充以下材料：《授权委托书》《售电公司信用承诺书》《售电公司公示信息》《售电公司注册申请书》《售电公司注册信息表》《专业人员资质表》，以及需要变更的《资产证明》《经营场所证明文件》等，相关表格填报要求。

将以上材料加盖公章后扫描成PDF格式（文件名称为上述材料文件名后加"-天津"），以附件的形式上传至电力交易平台。

售电公司对提供资料的真实性负责，提交资料未注明提交复印件的，应当提交原件；提交复印件的，应当注明"与原件一致"并加盖公章。

天津电力交易中心在收到售电公司提交的资料后于 5 个工作日内完成初步形式审查，并通知售电公司审查结果。通过初步形式审查的售电公司可通过线下来访或线上视频的方式进行注册资料的原件核验。

通过原件核验的售电公司需向天津电力交易中心提交材料纸质材料。售电公司提交的纸质资料应与电子版资料内容一致。上述书面材料准备 1 份，按照 A4 纸装订成册，可通过线下来访或邮寄的方式提交至天津电力交易中心。

天津电力交易中心地址为天津市河北区进步道 29 号，邮编：300010，工作时间为：工作日 9：00～12：00、14：00～17：00。咨询热线：4001895598。

天津电力交易中心于每月 5 日（如为非工作日则顺延）将审查合格的售电公司公示信息汇总，通过电力交易平台网站、"信用中国"或"信用天津"网站向社会公示，公示期为一个月。

在公示期间，如对售电公司公示材料存有异议，可通过 tjdljyzx@tj.sgcc.com.cn 邮箱进行投诉。投诉内容应尽可能提供相关书证、物证等，不得捏造事实、虚假举报。提倡和鼓励实名举报，对确认是实名举报的问题，将优先办理。

对于公示期间存在异议的售电公司，注册暂不生效。售电公司可自愿提交补充材料并申请再次公示，一个月内未完成资料补充的视为放弃公示，经两次公示仍存在异议的，由天津市发展改革委、天津市工信委、华北能源监管局核实处理。

公示期满无异议的售电公司，注册手续自动生效。天津电力交易中心于公示次月 5 日（如为非工作日则顺延）将公示结果在电力交易平台向社会公布。

天津电力交易中心按月汇总售电公司注册情况向华北能源监管局、天津市发展改革委、天津市工信委备案。

售电公司注册信息的变更按照实施细则有关规定执行。

天津注册售电公司发生重大信息变更的，应在 5 个工作日内向天津电力交易中心提交变更申请和变更支撑材料，并再次履行承诺、公示、备案等手续，重大信息变更公示期为 7 天。

售电公司注册信息的注销按照实施细则有关规定执行。

天津注册售电公司自愿申请退出市场，需提前 30 个工作日通过交易平台向天津电力交易中心提交注销申请。天津电力交易中心对注销申请和相关材料进行检验后，将注销情况在政府指定网站向社会公示，公示期为 10 个工作日。

售电公司注册生效后，可自行登录天津电力交易平台下载《电力交易平台 CFCA 数字证书办理及绑定指南》，按指南说明自行完成 CFCA 数字证书办理，数字证书配置文件导出及登录测试工作，并按要求完成数字证书绑定与访问权限配置。

售电公司注册生效后，需按照天津电力交易中心要求完成入市协议的签订工作。

售电公司在电网公司财务资金往来相关注册手续由交易中心协助办理。

5.3　零售用户注册

5.3.1　准备工作及注意事项

1）在系统运行流畅的硬件条件下，建议 4G 及以上电脑内存，硬盘及显卡无另外要求。

2）在保证企业安全的要求下，存在部分企业存在为了保证企业安全禁用电脑 USB 接口的情况，如涉及该类情况，请进行有效沟通。

3）由于注册或交易业务的开展会产生大量用户集中访问登录交易平台的情况，所以建议在网络良好、带宽较高的环境下进行操作。

4）浏览器推荐使用 90 及以上版本的谷歌浏览器。

5.3.2　交易平台注册

1. 进入交易平台

登陆天津电力交易中心交易平台，点击【注册】按钮，如图 5-23 所示。

2. 注册企业信息

账号注册完毕后，跳转到企业信息注册页面，工商信息、法定代表人信息、银行开户信息、联系信息四部分组成了企业信息注册，页面如图 5-24～图 5-27 所示。填写完毕后，点击【下一步】，即可进入基本信息注册页面。

图 5-23　注册界面

图 5-24　工商信息页面

3. 注册基本信息

基本信息、联系人信息、附件信息 3 部分组成了用户基本信息的注册，需要特别注意的是，注册为零售用户，在基本信息处选择不勾选。零售用户基本信息如图 5-28 所示，附加信息如图 5-29 所示。

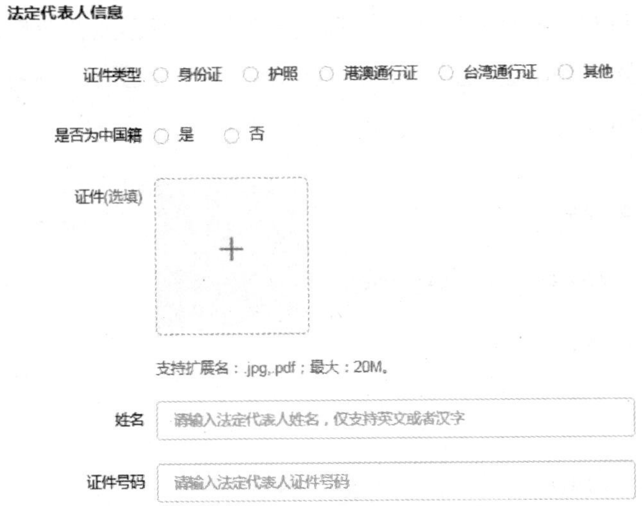

法定代表人信息

证件类型 ○ 身份证 ○ 护照 ○ 港澳通行证 ○ 台湾通行证 ○ 其他

是否为中国籍 ○ 是 ○ 否

证件(选填)

+

支持扩展名：.jpg,.pdf；最大：20M。

姓名 请输入法定代表人姓名，仅支持英文或者汉字

证件号码 请输入法定代表人证件号码

图 5-25 法定代表人信息页面

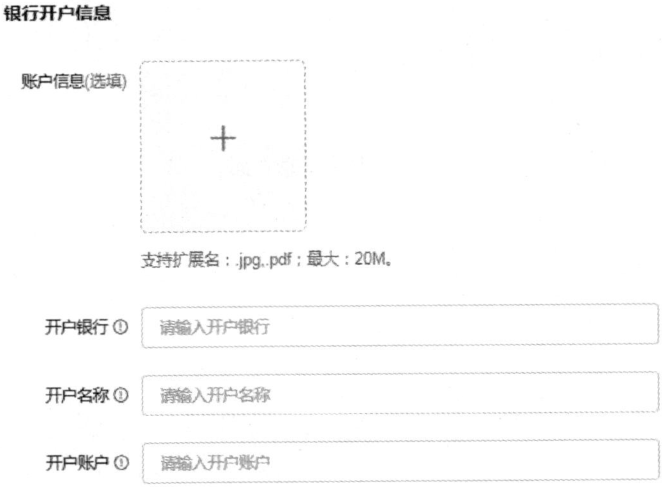

银行开户信息

账户信息(选填)

+

支持扩展名：.jpg,.pdf；最大：20M。

开户银行 ① 请输入开户银行

开户名称 ① 请输入开户名称

开户账户 ① 请输入开户账户

图 5-26 银行开户信息页面

4. 注册用电单元信息

点击【新增用电单元】按钮，如图 5-30 所示。

如果用电区域是国家电网公司供电区域内，所属供电区域必须选择【国网天津电力】，选择完毕后，直接输入户号和密码即可获取对应的用电信息。在不知道营销户号和密码的情况下，请即刻咨询用户所在地营业厅电话或拨打95598询问客服解决措施。选择所属供电区域如图 5-31 所示，选择用电单元信息如图 5-32 所示。

图 5-27　联系信息页面

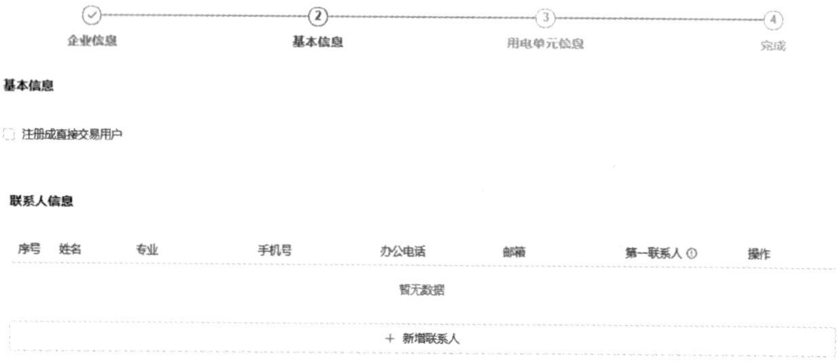

图 5-28　零售用户基本信息

如果所属区域是泰达或天保供电区域内，所属供电区域必须选择【泰达电力】或【天保电力】，在选择完毕后，可以自行维护用电单元信息。新增用电单元信息如图 5-33 所示。

图 5-29　附加信息

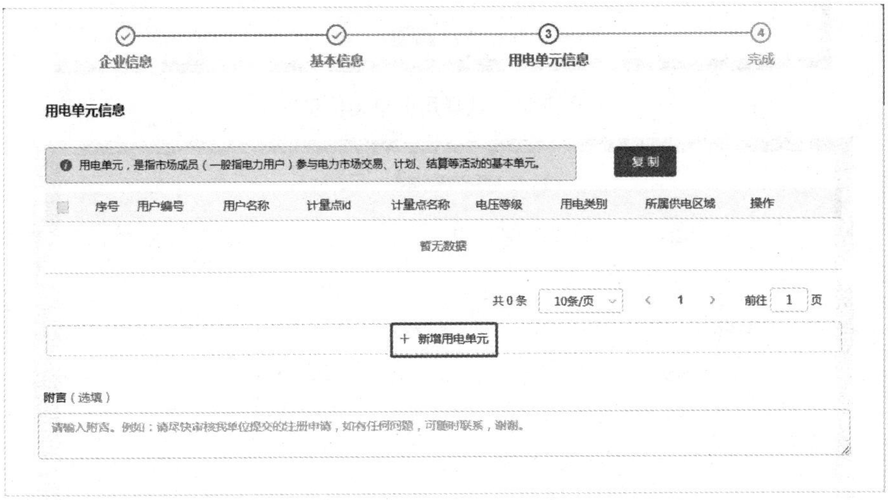

图 5-30　新增用电单元

注册完毕后，点击【提交】按钮，即可完成注册，等待交易中心审核。注册成功显示如图 5-34 所示。

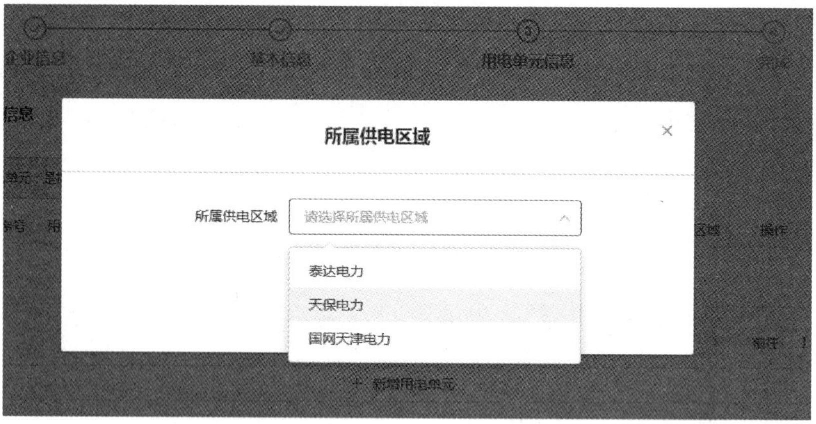

图 5-31　选择所属供电区域

图 5-32　选择用电单元信息

图 5-33　新增用电单元信息

图 5-34　注册成功显示

5.4　交易公告查看

登录平台后，点击左侧菜单栏，可查看交易公告。交易公告如图 5-35 所示，查询交易序列如图 5-36 所示。

图 5-35　交易公告

图 5-36　查询交易序列

5.5　交易申报

（1）在交易公告栏选择参与的交易序列，并点击进入申报界面。申报界面如图5-37所示。

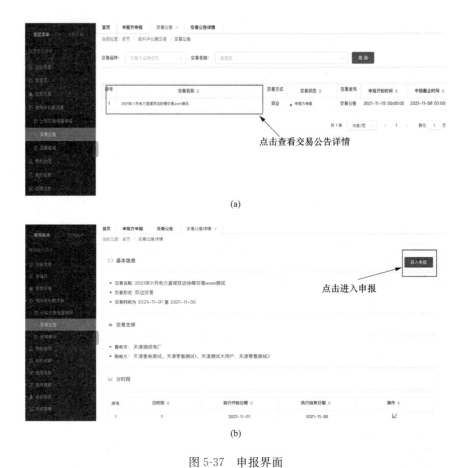

(a)

(b)

图5-37　申报界面

（a）图5-37交易公告；（b）交易公告详情

（2）点击【进入申报】后，首先弹出交易承诺书查看界面，勾选我已阅读后，点击确认。交易承诺书查看界面如图5-38所示。

（3）进入申报界面后，点击【新增】按钮，完成数据申报。数据申报流程图如图5-39所示。

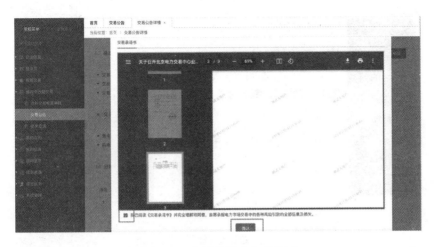

图 5-38　交易承诺书查看界面

图 5-39　数据申报流程图（一）

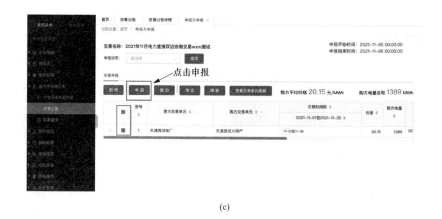

(c)

图 5-39   数据申报流程图（二）

5.6   交易结果查询

（1）完成交易申报后，点击左侧菜单栏交易结果查询，获取交易结果信息，如图 5-40 所示。

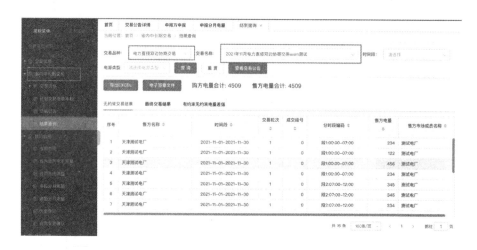

图 5-40   交易结果信息

（2）查询信息无误后，点击【确认】按钮，完成交易。完成交易界面如图 5-41 所示。

图 5-41　完成交易界面

5.7　合同查询

左侧菜单栏"我的合同"中选择"当前合同"，可查看用户合同信息。用户合同信息如图 5-42 所示。

图 5-42　用户合同信息

5.8　结算单确认

左侧菜单栏【我的结算】中选择【结算单查询】，可查看用户合同结算信息。用户合同结算信息如图 5-43 所示。

图 5-43　用户合同结算信息

第6章　新型电力市场建设途径展望与探索

"碳达峰碳中和"目标和"新型电力系统"概念在近年已受到广泛关注。随着新能源发电比例逐步攀升，电网智能化水平逐步提高，电网也向能源互联网发展，涵盖包括电力、燃气和冷热等的综合能源建设不断发展壮大。如何落实国家"碳达峰碳中和"目标，助力新型电力系统构建，打造适应新能源发展的新型电力市场，也将成为各方必然讨论的话题之一。本章对"碳达峰碳中和"和"新型电力系统"的概念进行介绍，在分析适应新型电力系统的电力市场面临的挑战之后，对天津电力市场的发展路径进行了展望。

6.1　"碳达峰碳中和"目标概念及特征

在 2021 年第二次能源监管工作例会上，国家能源局提出"围绕碳达峰、碳中和目标，建立健全适应新型电力系统的市场规则"。"碳中和（Carbon Neutral 或 Carbon Neutrality）"是指中立的（即零）总碳量释放，通过排放多少碳就采取多少抵消措施来达到平衡。目前已有数十个国家和地区提出了"碳中和"目标。2020 年 9 月 22 日第七十五届联合国大会一般性辩论上表示：中国将提高国家自主贡献力度，采取更加有力的政策和措施，二氧化碳排放力争于 2030 年前达到峰值，努力争取 2060 年前实现碳中和。

6.2　新型电力系统概念

6.2.1　新型电力系统的理想形态和特征

新型电力系统依靠通信和自动控制技术手段，实现电网的多种能源和谐互济，源网荷储互动融合，从而实现电力系统的稳定运行。新型电力系统的构建，除推进装备技术的升级与应用外，还必须改革和创新电力市场交易机制，发挥市场配置资源的决定性作用。新型电力系统将实现清洁低碳、安全可靠、智慧灵活、经济高效等目标。

新能源发电由于其固有特征，难以独立承担起电力系统的实时平衡和稳定调节作用。因此，新型电力系统中的源、网、荷、储等参与主体，需要深度互动和融合，共同作用以实现电力系统的实时平衡。

6.2.2　电力市场建设对新型电力系统构建的促进作用

除了新能源发电设施外，新电力系统的参与者还拥有具有灵活调节能力的电源、适量的储能设施和系统，以及可根据电力系统状态调节电力需求的可调负荷。在新的电力系统中，这些智能体的运行状态和运行策略将更加多样化。传统的集中调度模式和不反映实时电力供需关系的电力市场将无法适应这些实体的多元化经营状况。

光伏和风电已对等接入电网。随着建设成本的进一步降低，光伏和风电价格将远低于煤电价格，大大挤占燃煤电站的年利用小时数。燃煤电站将面临效益严重下降甚至被迫关停的问题，导致电网中具有调节能力的电源急剧减少。如果实施电力现货市场和电力辅助服务市场交易，燃煤电厂将在新能源发电低产期以更高的实时清算价格运行；当电力系统产生调频调压需求时，燃煤电厂可通过提供调频调压服务获得辅助服务收入；发挥灵活可调电源的作用，确保其在电力系统中保持必要的合理比例。对于储能系统来说，储能系统不能发电，只能通过充电和放电时的电价差来获取收入。采用中长期合同交易时，无法反映电价随时间的波动，无法建立储能系统的盈利模型；在目前的厂用补偿模式下，储能系统在调峰调频、调压、备用和黑启动等方面的优势无法充分体现。

对于新能源电站建设方而言，根据现行规定，各电站采用不随峰谷时段变化的无差别电价，并需要平均分摊电网预付的辅助服务费用。未反映各电站的性能，未反映各电站辅助服务需求的程度。因此，发电商只需在政策强制性要求的范围内尽量降低电站的建设和运维成本，显然不利于电站性能的提高和设计的合理化。如果能够实现现货电力市场和辅助电力服务市场的交易，新能源发电方将采取一系列措施，如优化容量比，提高控制系统和逆变器的性能，安装无功补偿设施，在电力侧安装储能装置，积极稳定电站出力波动，优化电站出力曲线，减少辅助服务需求，提高电站对电力系统的适应性和友好性。

6.3 电力市场建设面临的挑战

6.3.1 新型电力系统构建对电力市场建设的要求

除了新能源发电设施外，新型电力系统的参与者还拥有具有灵活调节能力的电源、适量的储能设施和系统，以及可根据电力系统状态调节电力需求的可调负荷。在新型电力系统中，这些智能体的运行状态和运行策略将更加多样化。传统的集中调度模式和不反映实时电力供需关系的电力市场将无法适应这些实体的多元化经营状况。

光伏和风电已对等接入电网。随着建设成本的进一步降低，光伏和风电价格将远低于煤电价格，大大挤出燃煤电站的年利用小时数。燃煤电站将面临效益严重下降甚至被迫关停的问题，导致电网中具有调节能力的电源急剧减少。如果实施电力现货市场和电力辅助服务市场交易，燃煤电厂将在新能源发电低产期以更高的实时清算价格运行；当电力系统产生调频调压需求时，燃煤电厂可通过提供调频调压服务获得辅助服务收入；发挥灵活可调电源的作用，确保其在电力系统中保持必要的合理比例。对于储能系统来说，储能系统不能发电，只能通过充电和放电时的电价差来获取收入。采用中长期合同交易时，无法反映电价随时间的波动，无法建立储能系统的盈利模型；在目前的厂用补偿模式下，储能系统在调峰调频、调压、备用和黑启动等方面的优势无法充分体现。目前，各地相继出台政策，强制新能源电站配备一定容量的储能设施。在这一政策下，缺乏市场引导，难以确保高质量的储能建设和发展。如果能够实现电力现货市场和电力辅助服务市场交易，储能系统将通过实时结算不同时期的差价并提供辅助服务获得收入，从而指导储能电站的优质建设和发展。可调负载面临同样的问题。只有实时的电力供需关系反映在电价中，电力系统中的可调主体才能有权在促进电力系统实时平衡的同时，积极采取适当的运营策略，获得相应的利益。

对于新能源电站建设方而言，根据现行规定，各电站采用不随峰谷时段变化的无差别电价，并需要平均分摊电网预付的辅助服务费用。未反映各电站的性能，未反映各电站辅助服务需求的程度。因此，发电商只需在政策强制性要求的范围内尽量降低电站的建设和运维成本，显然不利于电站性能的提高和设计的合理化。如果能够实现现货电力市场和辅助电力服务市场的交易，新能源发电方将采取一系列措施，如优化容量比，提高控制系统和逆变器的性能，安装无功补偿设施，在电力侧安装储能装置，积极稳定电站出力波动，优化电站出力曲线，减少辅助服务需求，提高电站对电力系统的适应性和友好性。

6.3.2　电力市场建设的机遇与挑战

新一代能源革命的核心主题是在可再生能源发电的基础上实现平坦、分散和灵活的电力交易。互联网架构为电力交易提供了信息透明、平等参与的基础，实现了电力供需双方的良好互动。只有研究和构建一个能够有效体现供应商、消费者、交易机构和其他参与者真实价值的电力市场，才能推动真正意义上的公平电力交易，实现能源互联网建设的根本目标；此外，通过合理设计电力互联交易机制，分布式发电的输出随机性与用户用电量的随机性很好地匹配，在保持或提高用户用电量满意度的前提下，促进分布式可再生能源的大规模渗透，而微能源网络在提高用户供电可靠性方面所能发挥的作用，是实现一次能源绿色转型，确保这场能源革命成功的重要措施。

能源互联网中的信息传输和整合需要依托基础信息通信设施。大多数本地互联网可以随时随地提供访问和服务。目前，大容量远程光纤通信、卫星通信和微波通信技术已经成熟，已建成覆盖全国电网企业的骨干通信网络，有效支持电网企业管理、电力系统运行控制等系统。随着我国用电信息采集系统的建设，基本实现了工商用户和居民用户智能电能表的替代。随着物联网技术的逐步成熟和应用，其在发电、输变电、用电等领域的应用，特别是在用户端能效管理市场，与当前电力系统中使用的智能终端相比，物联网中用于能耗数据传感的节点数量将增加数十到数百倍。如何控制和管理这些分布式传感器单元的能耗也成为一个重要的问题。

总的来说，在建设能源互联网的背景下，未来电力系统在优化管理、供需交易和电能数据感知方面将面临以下关键科学问题：

第一，当需求侧资源在电网供需平衡调节中的重要性逐渐增强时，如果不能有效把握电力管理机制中用户行为的随机性，电网的运行风险也会增加，给电力公司带来不确定性成本。一方面，能源互联网环境下的电力优化管理中，电力用户与电力供应商之间存在着互动关系，即电力供应商可以根据电价信号或激励信号，引导电力用户根据电网的要求改变负荷曲线；另一方面，它存在于电力用户和电力用户之间，即对于具有价格预测功能的主动智能用户，他们可以通过调整自己的用电计划来影响区域内的实时电价，进而影响其他电力用户的用电策略。在灵活电价的驱动下，供需双方形成了反馈调节机制，但用户行为的不确定性使得响应信号具有较强的不确定性。现有研究更多关注单个用户对价格或激励信号的响应弹性，电网在实施电力优化管理时的目标是减少或转移高峰时段所有用户的总负荷，因此，用户对需求响应项目的需求弹性不再仅仅与供电商的电价和激励政策有关，还与其他用户的用电策略有关。为了实现区域负荷的控制目标，在资源有限的情况下，如何在一定的电力管理机制指导下，根据用户各自的利益函数，在不同用电时间尺度的用户之间进行博弈，是传统优化理论无法分析的。

第二，能源互联网时代的新商业模式仍然缺乏一种能够适应分布式可再生能源、能源路由器和多样化负荷协同运行的电力交易机制，并引导售电方之间有序进行售电竞争。基于能源互联网中的能源路由器的能源共享方式和交易场景，实现了能源的自由交易，也实现了分布式电源的本地和就近消耗。对等互联的特点将逐步丰富市场参与者。在传统电网中，源网络各方的属性定位和利益边界将发生变化，能源生产和消费之间的边界趋于模糊，随着分布式电源、储能的出现，电动汽车产销用户的身份在买卖双方之间随时可能发生变化，买方和卖方也将提高电能交易的实时性要求。售电方在售电中的逐利竞争博弈一直是电力系统必须考虑的经济问题。然而，我国目前对电力市场的研究仍然缺乏支持多个交易主体和多种能源商品的电价和交易机制，这可以有效抑制发电商在传统交易中的市场势力，支持分布式、并行和交互式实时交易。因此，迫切需要对公开市场环境下售电方的竞争进行博弈策略研究，以识别多主体电力交易中的市场规则，避免售电方竞争无序对电力系统波动性的影响，同时鼓励可再生能源的发展。

第三，能源互联网中电力时间尺度的差异导致的供需不匹配将严重影响用户的供电可靠性和用电满意度。在传统的电力系统运行模式下，用户电力需求的随机性强，发电量相对可控。在新能源电力系统背景下，可再生能源发电的大规模并网显著增加了发电量的随机性。能源互联网分散式多源协同供电模式包括供需双方电力时间尺度差异两个方面。一方面，不同的发电类型在电力生产中具有不同的时间尺度，另一方面，不同用户之间的用电时间尺度存在差异。多微网供电模式是区域电力自治情况下保证电力平衡、提高用户供电可靠性的有效方法。然而，受分布式发电或微电网发电能力的制约，为了满足特定时期的用电需求，用户提供的电力服务仍将是一种竞争博弈关系，需要进一步研究。

与采集网络物理约束的矛盾将不断增加。从以上三个问题可以看出，能源互联网中的源网络负载和其他多个主体将在高度信息化的环境中工作，当主体交互时，获取相关信息的实时性要求也将大大提高。但是，如果采集量超过了信息感知网络的物理承载能力，当采集点能量供应不足导致网络中断，导致采集失败或延迟时，应用层的统计分析数据将无效，这将严重影响主体决策的正确性和准确性。经历了智能电网的发展，中国已经形成了以智能电表为核心的用户端大规模覆盖的用电信息采集系统，而能源互联网也将通过物联网中的无线传感器网络（WSN）等技术手段，推动数据采集功能扩展到用户端的内部用电设备，相应的能量采集传感器节点也将在数量级上增加 $1\sim2$ 倍。许多传感器节点将在资源受限的应用网络中竞争，以获得正常运行所需的能量。如何协调网络资源的分布，保证电力数据的连续稳定采集，将是现有无线传感器网络系统部署和设计面临的新挑战。在面向未来的能源互联网场景中，要实现能源的智能生产、智能消费和智能优化管理，必须有效解决上述问题，促进用户端资源积极参与电网负荷调节，支持可再生能源分布式实时交易，优化电网供需平衡，平衡各方利益，确保电网安全稳定运行。迫切需要研究并提出一种新的理论研究框架，以分析能源互联网热点中多个主体的交互行为特征。博弈论是描述用户之间竞争行为和策略设计的有效方法。它主要研究行为和利益相互依存的经济个体的决策以及相关的市场均衡问题。与传统的优化理论相比，它更适合于对上述问题进行建模和分析。

6.4　适应新型电力系统的电力市场建设

6.4.1　传统电力系统与电力市场

传统电力系统中各类一次能源发电和分散化布局的电源结构（骨干电源为

主）通过大规模互联的输配电网络，连接千家万户使用，具有天然的网络化基本特征。此外，传统电力系统终端用户用电早已实现"即插即用"，具有典型的开放和分享的互联网特征。这是计算机信息系统多年奋斗才得以实现的理念（大规模科学计算用的网格计算、互联网和云计算）。电力系统单一的电能生产、传输配送和使用的传统模式不能实现多能协同互补，以高效满足用户多种能源需求，综合能源服务能力和能源利用效率的提高受限；传统电力系统的用户服务目标单一，以用户为中心的服务理念和信息对称、双向互动的能力欠缺；传统电力系统集中统一管理、调度和控制系统不适应大量分布式新能源发电，及发电、用电与用能高效一体化系统接入等综合能源电力系统供需分散、系统扁平的发展趋势；传统电力系统集中模式的市场支持功能，不能适应分散化布局用户能源电力的市场化运作。

　　传统的电力市场是单一的批发侧市场；交易品种也较为单一，主要是水电-火电联合。同时，传统电力市场仍旧存在诸多问题。2002年电力改革只是使电力市场"半市场"（或不完全市场），整个产业链缺乏真正的市场参与者，因此不可能建立真正有效的交易机制：即使实现了发电厂与电网的分离，绝大多数发电厂都是国有企业，对价格控制下的价格信号完全不敏感，发电量不能随市场波动。在输电、配电、售电等环节完全由电网垄断的前提下，普通用户完全没有任何议价或选择的能力，根本不可能成为市场主体。总的来讲，我国的电力市场交易机制缺失、资源利用效率不高；计划电量、计划电价；输配电真实成本、交叉补贴不清；输配售一体化垄断、电网独买独卖等问题亟待解决。同时，在我国经济步入中速增长的新常态、环境治理力度加大、能源消费结构调整的背景下，电力供给除了"安全"和"经济"外，"环保"和"低碳"亦成为重要目标。再者，分布式、智能电网、电动汽车、用户储能、需求响应和能源互联网等各种新生事物不断涌现并得到快速发展，都需要建立一个市场机制更灵活、体制更开放的新的电力体制。

6.4.2　新型电力系统与电力市场

　　与传统电力系统相比，新型电力系统将有高比例的小型发电厂和分布式能源接入。由于电能的多形式转化性，在电能质量控制技术不断提高的情况下，包括风、光、水、油、气等多种形式的能源转化成电能将不受产量、地点与时间的约束，大量地加入发电侧市场。同时，较传统的发电侧电力市场而言，未来的电力市场的交易参与者的类型将比传统的发电侧电力市场丰富得多，传统发电侧电力市场的交易主体主要是发电厂与电网公司，而未来的电力市场除前述 2 类之外还包含着大量分布式电源、产销集体甚至用户自身，其交易的发生不再局限于电能生产到电能使用或兜售，亦可根据选择达成于发电市场中的任意交易主体之间，从而由原来的交易线发展成交易网络。

未来的电力市场也将呈现出更多的商业模式，例如电力的批发和零售、虚拟电厂、电动汽车的购电和返售电、用电定制服务、电力期货、电力金融等等。类似于发电侧电力市场，售电侧电力市场的交易方式亦将由传统的集中垂直式向分散多元化发展，用户不再是传统市场中电网公司的接受点，而是与大量分布式电源供应者、产销集体、售电公司以及自身相互连接形成动态网络，其连接关系不再固定，而是灵活、自由的。

传统电力市场与未来电力市场对比如图 6-1 所示。

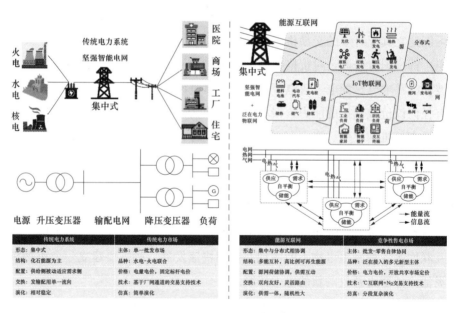

图 6-1　传统电力市场与未来电力市场对比

目前我国电力市场建设已初具成效，随着电力体制改革不断深化，市场建设重心将由批发侧转向零售侧。售电市场赋予小微市场主体自主选择权，能够支撑分布式能源、虚拟电厂、电动汽车、交互式用能等多元新型主体泛在接入，营造开放共享的市场环境。同时，竞争性售电市场能够发挥电网在能源传输转换的枢纽作用，以及交易中心在交易组织和市场管理的平台功能，打造零售侧的资源配置平台和综合服务平台，带动产业链上下游协同发展。

6.5 天津电力市场发展路径展望

第一阶段：分时段交易起步，发、用电双侧通过协商、竞价交易，形成分时段的能量块交易价格。

第二阶段：多能源同台竞价的电力市场体系。

第三阶段：批发—零售相协调的电力市场体系。

6.5.1 分时段供需互动的电能量市场

分时段交易市场的建设，以供需比进行峰谷时段划分起步，考虑用户接受能力，保障分时段交易的平稳执行，对每个时段设置相应的发电侧报价上限。基于时段划分结果分别进行不同时段的交易组织，电力用户或售电公司和发电企业通过双边协商和集中竞价等市场化手段，形成各个时段出清电价。分时段市场化交易结算按各时段分别进行，对每个时段设置适应时段供需形势的不同的偏差考核机制。为保障分时段交易的实施，需加强对市场的宣贯，实现市场的稳步过渡。分时段市场化交易，通过市场化的方式一定程度上体现不同时段电能商品的价值，利用价格信号，引导电力用户有序用电，缓解省内尖峰电力供应紧张的形势；推动电力中长期电量交易向更加精细化转变，培育市场主体，有效衔接未来电力现货市场的开展。

6.5.2 多能源同台竞价的电力市场体系

1. 建立新电力市场体系的必要性

可再生能源发电具有电能和绿色双重价值，其绿色的价值通过配额市场来体现。我国目前发布的配额制只考虑了用户必须完成一定量的可再生能源配额，没有考虑用户参与消纳能力的差异性，没有考虑不同用户对可再生能源发电消纳的友好性，只是以配额指标的方式分配给用电主体。由于我国电源结构缺乏灵活性，迫切需要激发所有用户的互动能力来参与消纳可再生能源。市场机制应考虑用户对消纳可再生能源的友好性，精准衡量用户为可再生能源消纳做出的贡献；市场机制应激励有能力的用户更多地消纳可再生能源；应该体现用户灵活调控能力的价值。

对于传统的火电企业来说，其电能具有电能价值和灵活性价值。在高比例可再生能源接入的电力系统，可再生能源全额保障性收购的前提下，火电企业的灵活调控能力显得尤为重要。现有的辅助服务补偿机制要求发电侧机组不仅要具备调节能力，而且要承担物理上的辅助服务的义务，要大部分发电机组承担辅助服务的经济责任，但未明确如何量化衡量电力调度机构使用辅助服务的效率，包括使用辅助服务的成本是否能够小于消纳不稳定电源带来的红利，辅助服务的补偿价格也一直存有争议。市场机制应能够体现辅助服务的真实价值，通过机制的设计，让效率更高的可再生能源机组获得更多的辅助服务资源。

对于用户来说，面临可再生能源消纳权重的考核，用户可再生能源及非水可再生能源比例要满足考核的要求，不满足的要求的要在绿色权证市场上补足。因此用户用电要在可再生能源电和火电之间合理搭配，用户要在火电和配额市场之间搭配。现有的市场机制无法体现用户灵活性的价值，应通过机制设计发现用户灵活性价值，实现具有灵活调控能力的用户与可再生能源发电的灵活互动。

2. 源网荷储互动的可再生能源消纳市场体系

源网荷储互动的可再生能源消纳市场体系框架，从时间维度上可以划分为中长期市场、日前市场、实时市场，消纳量二级交易市场和绿色证书认购市场可以根据相应的市场规则在任何时间开展。具体如图 6-2 所示。

（1）中长期市场

1）荷随源动的分时交易模式。

传统的电力中长期交易中，火电企业与用户按照年度、月度等多时间尺度展开电量交易，签订相应时间内的电量合同，在合同执行期间按计划执行，并对供需双侧进行偏差考核。该种模式方便电力交易的管理，但未能体现不同机组灵活调节能力差异化的价值和用户负荷友好程度的价值，市场根据供需情况对调整发用电、优化资源配置的能力受限。为保障"中长期＋现货"电力市场平稳有序运行，广东、山西、四川等省，都建立了常用曲线合约与自定义合约相结合的中长期电能量市场，一定程度上体现了火电灵活性价值与用户的柔性价值。

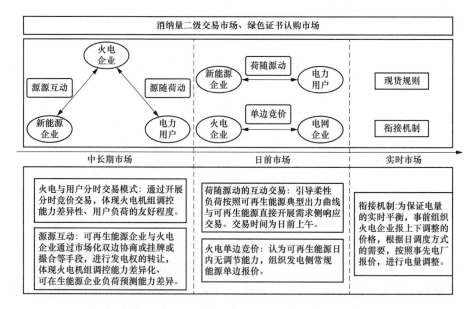

图 6-2　源网荷储互动的可再生能源消纳市场体系

鉴于此，立足于电力中长期交易为实物交易的基本属性，在源网荷储互动的可再生能源消纳市场体系中。传统的政府给予发电计划转变成政府授权合约，火电企业与用户，通过双边协商的方式，开展多年、年、季、月、周等电力批发交易。年度—周的交易都分峰谷平进行交易。维持计划调度模式基本不变，保证各种合同的分解电量以周为单位在峰谷平的执行上基本均衡。所有政府授权合同非可再生能源的，调度在周的维度上分解为峰谷平，可再生能源自己申报周的峰谷分配量（需要得到调度的校核通过）。随着市场成熟度的提高，峰谷平三段的交易模式，就可以进一步推进至"24 点"分解，推进"48 点"等分段电量交易，如图 6-3 所示，从而实现与现货市场更好的对接。

在这种形势下，中长期交易在时间尺度上更加丰富，为市场主体提供了有效避免偏差的手段。中长期电力合约为交易双方规避了现货风险，一定程度还原了电力的价值曲线，同时最大限度地拟合电力价格与电力价值的曲线变化。其中，短期交易能应对新能源发电波动性和随机性特点，与现货交易相比可以降低刚性、挖掘更大的调节能力，兼顾现货的带曲线中长期交易能够促进新能源消纳，反映快速调节能力的时空价值。

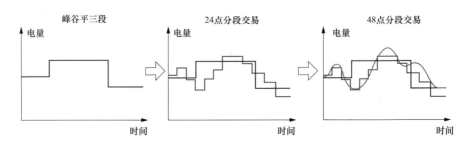

图 6-3   分时段曲线交易

2）可再生能源与火电的源源互动交易。

在高比例可再生能源接入的系统中，由于可再生能源发电企业难以预测未来较长时期的发电能力，使可再生能源发电企业在传统的电力合约市场上报价决策具有较大的市场风险。在可再生能源发电全额保障性收购的政策背景下，未来更高比例可再生能源的接入，必然导致发电侧调节能力的不足，根据制度经济学的原理，谁产生的成本，应该由其相应的责任主体来承担。当前的辅助服务补偿机制并不能很好地体现辅助服务资源的价值，相应的补偿成本难以落实，对于辅助服务资源的建设，不能起到很好的激励作用。

基于此，在源网荷储互动的可再生能源消纳市场体系的框架下。除了政府授权合同的可再生能源部分，其余部分全额入市，并且改变传统的可再生能源与用户的交易，在中长期市场上不开展能源与用户的交易，无法通过市场化消纳的部分，由电网执行较低的收购价格统一收购。在此前提下，设计可再生能源与火电源源互动的市场交易模式，通过开展时间尺度从远期和 D-2 的发电权转让市场，可再生能源企业可以通过双边协商或连续挂牌的方式，以市场化的手段，从火电企业处购买发电权；允许火电企业之间为避免偏差考核，进行发电权的交易。由此，可再生能源企业与火电企业形成战略市场共赢的联盟进行市场置换交易，火电厂在收益最大化的前提下，将部分发电空间置换给新能源企业（风电场、光伏电站）发电，同时，可再生能源发电企业获得发电空间后，由于其边际成本较低，收益高于火电，在发电权转让合同的价格上给予火电企业一定的补偿，即联盟利益的分摊，从而实现了辅助服务资源的价格发现，各市场主体策略关系如图 6-4 所示。

从远期到 D-2 交易相结合的发电权交易市场，不但能够适应当前发电调度的安排模式，而且可以满足发电商的交易需求。一方面给予交易参与双方更多

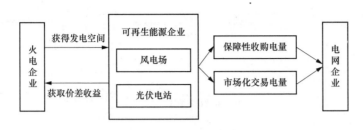

图 6-4　各市场主体策略

的交易灵活性，使参与者可以在市场有利的情况下获得进一步获利的机会，充分发挥了发电权交易在电力市场中节能降耗、规避市场风险的作用，有利于发电资源的优化配置，维护系统的稳定，提高社会效益。另一方面通过可在能源与火电企业发电权转让的方式，取代了辅助服务的补偿机制，通过市场化交易的手段，来发现辅助服务资源的真实价值，通过价格信号，引导火电企业灵活性改造的投资行为，从而能够更好地发掘发电侧灵活调控能力。

（2）日前市场

1）荷随源动（可再生能源与调控能力的大用户）。

可再生能源具有清洁、安全、变动成本较低等特点，高比例可再生能源接入对于改善能源结构、提高电力经济性具有重要意义。然而，随着可再生能源接入比例的持续提高，在全额保障性收购的情况下，必将面临发电侧调峰能力不足，无法满足全额收购可再生能源的要求，出现弃电现象。以发电曲线跟踪负荷曲线实现电力电量平衡为基础的电网运行模式，受新能源出力及负荷波动影响，单一的发电侧调控手段已无法满足电网运行需要。因此，通过市场交易机制，引入需求侧柔性负荷参与"荷随源动"的交易，有助于促进可再生能源的消纳，缓解系统调峰压力。

在源网荷储互动的可再生能源消纳市场体系的框架下，组织电力用户与新能源企业开展 D-1 的带曲线中长期交易，电力用户利用储能、蓄热式电采暖和工序优化等手段，实现负荷曲线跟踪新能源出力曲线。

该交易模式的交易标的为预测的可再生能源出力曲线，整个交易流程如图 6-5 所示。

交易前准备：交易开展前电力调度部分会发布全网的可再生能源预测出力曲线、用户的历史负荷曲线。用户可以根据自身的历史负荷曲线、结合自身的生产计划提交交易日的负荷预测曲线。

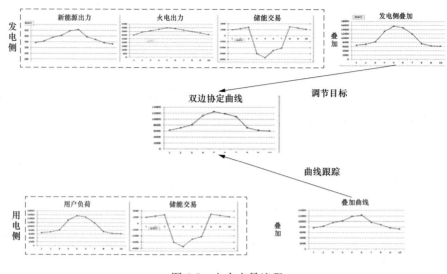

图 6-5　电力交易流程

第一阶段双挂双摘：电力用户和新能源场站同时挂牌，新能源场站报预测出力曲线和电价、用户报用电量和电价，双方同时抢摘买方或卖方，时间优先；成交电量为双方剩余电量的较小值，电价为挂牌方价格，如图 6-6 和图 6-7 所示。

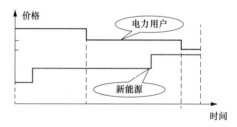

图 6-6　挂牌交易报价

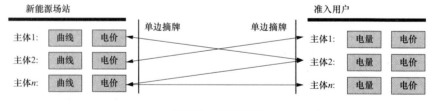

图 6-7　摘牌方式

第二阶段集中撮合：未成交新能源和用户，第二次申报曲线＋电价，并进行集中撮合成交。按照价格排序，出清价格取成交的用户报价。

到交易执行日，用户根据成交的新能源出力曲线，调整自身的用电负荷，以实现用户侧灵活资源的调用，同时也通过市场化交易的方式，反映了用户负荷友好程度差异性的价值，如图 6-8 所示。

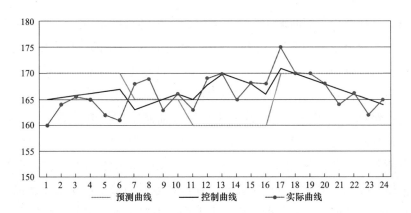

图 6-8　新能源与用户间的互动效应

2）源随荷动（火电单边竞价）。

通常在日前市场模式中，火电机组需要申报其最小经济出力。机组在日前市场的可调度空间为其最小出力至其最大出力的范围；对于有物理合同的火电机组，需要申报其第二日物理合同曲线，机组在日前市场的可调度空间为其物理合同出力至其最大出力的范围。在源网荷储的可再生能源消纳的市场体系框架下，火电机组可参与日前市场的空间为中长期市场上成交的物理合同的约束至最大出力空间范围的量，由于中长期合同是分峰谷平三段成交的，因此日前火电机组的单边报价也是分峰谷平三段报价。

鉴于此，在日前下午，组织火电机组的单边报价。由于日前的上午组织了"荷随源动"的用户跟踪可在能源发电曲线的交易，挖掘了用户侧灵活调节资源，优化了可再生能源发电出力曲线，由于可再生能源发电出力具有较强的波动性和随机性，可以认为其不具有日前的调节能力。因此，火电机组可以结合自身已成交合同的约束和最大出力的限制，对于日前的剩余电量组织火电机组单边报价，调控能力较强的机组可以选择波动较强的曲线，调控能力较弱的机组可以选择较为平稳的曲线，从而体现了火电机组调控能力差异化的价值。

（3）实时电力交易市场

在实时电力交易市场上，我们认为可再生能源发电无日内调节能力，经过日前市场的交易，用户参与跟踪曲线交易，用户侧调节能力已经得到挖掘；火电机组的灵活调控能力也得到一定程度的挖掘。在现货市场尚未开展前，引入火电企业预先报价的实时市场上下调整机制。

按"日前竞价、实时调用"原则，日前发电计划确定后，通过预挂牌方式确定实时上调机组调用次序（按照增发价格由低到高排序）和下调机组调用排序（按照减发价格由高到低排序）。实时运行过程中，当系统实际用电需求与系统日前发电计划存在偏差时，按照价格优先原则调用相应机组增发电量或减发电量，保障系统实时平衡。其余机组按日前制定的发电计划曲线发电。其中，预挂牌机组主要是有调节能力的火电机组。系统偏差主要来自负荷预测偏差、新能源出力预测偏差以及发电机组自身原因带来的出力偏差。在结算方面，根据实际上网电量与月度优先发电和基数电量的偏差量，按照预挂牌价格结算其提供上调或下调服务的费用，上下调服务费用体系如图 6-9 所示。

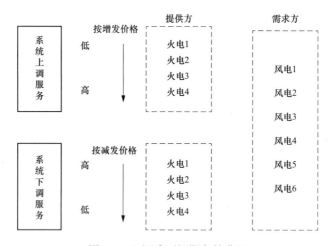

图 6-9　上调或下调服务的费用

（4）消纳量二级交易市场

消纳量二级交易市场为超额完成消纳量的用户和未完成消纳量的用户提供一个消纳量转让交易的二级市场。通过建立消纳量二级交易市场，给予超出配额消纳义务外的用户出售超额消纳量的渠道，不足的部分也可以在消纳量市场进行补足，提高用户在整个市场体系中决策的空间。

由于我国可再生能源分布与负荷集中区域存在较大的偏差，西部地区可再生能源资源丰富，发电能力强，消纳空间较少，东部可再生能源资源较为匮乏，负荷需求大，面临消纳权重考核的压力。通过消纳量二级交易市场的建立，东部地区可以购买西部地区的超额消纳量，实现跨区跨省的可再生能源的替代消纳，提高东部地区用户购电决策的多样性。

东部地区向西部地区购买消纳量的方式，不仅可以帮助东部地区用户完成配额义务，还可以实现西部地区对东部地区的替代消纳，有效地激励西部地区用户积极消纳可再生能源，避免建设过多特高压跨区输电线路，提高输电线路的资产利用率，有效降低可再生能源消纳的交易成本。

（5）绿色证书认购市场

绿色证书市场由政府政策与价格机制共同作用产生，其市场运行机制具体为，政府设计配额制制度准参数和规则（包括基准配额比、绿色证书基准价格、惩罚机制和监督机制等）诱导厂商交易绿色证书。

绿证申购市场为持有绿证的可再生能源和配额义务市场主体提供一个绿证自愿申购的市场。受到消纳权重考核的市场主体，根据消纳量二级市场价格和绿色证书市场的价格情况，合理配置不同市场的购买量以补足消纳量的权重。

绿色权证市场的建立，物理性电力交易市场和金融性绿色权证市场并存，用户在不同市场的决策行为，交互作用影响彼此的市场均衡。

3. 多时间尺度市场、消纳量（绿证市场）的动态均衡

在该市场体系中，在时间尺度上设计了从年度、多月、月度、周、日前、实时市场偏差调整机制，随着时序的逐渐递进，市场主体对于市场的供需形势有更为明确的判断，多时间尺度的交易品种的设计有助于市场主体充分发挥自身的优势，逐步优化报价策略，充分表达自身对电力资源的真实诉求，使得市场主体之间在不断的博弈中达到市场的最佳平衡，电力资源的最优配置。

可再生能源是绿色电，其价值由电能价值、环境价值构成，其中电能价值在多市场尺度的电能量市场中体现，环境价值由消纳量市场和绿色证书市场体现。可再生能源的价格将在源源互动交易和荷随源动交易、消纳量交易市场、绿色证书交易市场价格波动之和下实现动态均衡。火电具有出力稳定较为可控的特点，其价值由电能价值、灵活价值构成，其电能价值在多市场尺度的电能量市场都得以体现，灵活价值在源源互动交易、日前市场的单边竞价、实时市场的体现。火电的价值在不同市场的动态博弈中实现均衡，其灵活性的真实价值在市场供需形势的变化中得以发现。发电商和电力用户通过在不同的市场中选择不同的电能、消纳量交易方式，以实现自身利益的最大化，市场主体之间根据市场形势不断地分散决策，使得可再生能源市场价格将在多时间尺度的电能量市场和消纳量（绿证）交易市场价格之和下，随着各个市场的市场供需、

成本波动、技术发展等外部环境动态变化，实现多市场之间的动态均衡。

当可再生能源发电消纳不足时，用户面临消纳权重考核的压力导致绿色证书市场供不应求，绿色证书价格逐步攀升直至政府设置的惩罚金额，导致用户综合用电成本的上升。用户以用能成本最低为目标，用户趋向于在荷随源动的交易中更多的购买可再生能源电，主动优化自身用电曲线，实现用户用能成本降低、可再生能源消纳、优化电网运行的多赢局面。

随着荷随源动交易电量的上升，可再生能源厂商在利益的驱动下，在源源互动市场上的需求逐渐上升，火电厂商灵活性价值逐渐升高，当源源互动市场上的交易成本与荷随源动市场的收益趋进，最终实现多市场的动态均衡。

随着市场逐渐成熟，可再生能源消纳量的逐步提升，用户面临消纳权重考核压力的缓解，绿色（消纳量）市场的供求形势得以缓解。用户侧主动优化自身负荷曲线参与荷随源动交易的行为逐步饱和，最终可再生能源的环境价值、火电的灵活性价值、电能价值都能通过市场机制真实发现。用户侧灵活调节资源，在利益的驱动下得以挖掘。

由此可见，在该电力市场体系中，各个市场相互影响，多交易品种有机耦合。市场主体在利益的驱动下，将自发地推动多市场的动态均衡，最终达到帕累托最优，实现资源的最优配置。

6.5.3　电力零售市场与批发市场协同

1. 电力市场批发+ 零售两级市场体系

（1）市场类型

批发市场与零售市场有不同的边界、主体、模式；零售市场具有泛在的市场主体，丰富的交易品种，全面的增值服务，同时也是相互协同、相互补充。

1）能量交易。

批发侧：在现有中长期交易的基础上，增加月内短期交易、日前及日内现货交易。

零售侧：售电商直购；分布式能源共享；菜单电价；负荷聚合控制；综合能源服务。

2）发电权交易。

在现有合同交易的基础上，推动发电权主动转让的进行，利用二次市场的活跃避免现货市场的刚性。在送受端发电机组之间组织开展发电权交易，由送端发电企业通过市场化方式跨省区购买受端发电量指标并替代其发电。

3）可再生能源配额交易。

探索可再生能源配额交易等市场化消纳机制，将可再生能源输出省对外输送可再生能源电量，计入受端省可再生能源消费量，不再计入本省可再生能源电力消费量，提升可再生能源大范围消纳的积极性。

可再生能源配额绿色证书交易机制。在国家相关政策和电力系统构成允许的条件下，可同时开展绿色证书金融交易，逐步形成统一的可再生能源配额交易市场。对于可再生能源配额的电能交易，可采用协商、撮合、竞价等交易方式。对于绿色证书交易，需要建立绿色证书的金融交易平台，在绿色证书交易平台完成交易。

4）辅助服务市场交易。

批发侧：可通过经济手段对参与省间调峰、备用等辅助服务的发电机组提供激励，逐步建立完善辅助服务市场机制，在此基础上，开展辅助服务市场交易，通过市场化方式确定辅助服务的调用和价格，激发发电企业、电力用户和售电主体参与辅助服务的积极性。

零售侧：可中断负荷；负荷聚合控制；需求侧响应。

5）容量交易。

考虑到单一电能量市场不能提供充分的投资激励，逐步探索建立发电容量市场，可采用集中竞价或双边交易的方式决定容量价格，以引导电源长期投资，确保发电容量充裕度。

6）电力金融衍生品交易。

批发侧：逐步探索开展电力期货、期权等金融衍生品交易。通过电力期货的开展，引入大量的电力交易中间商参与电力交易，增强市场的流动性，形成远期价格信号；同时，通过期货和期权交易，为市场参与主体提供平抑价格波动、规避风险的工具和手段。

零售侧：售电公司代理用户参与金融衍生品交易，规避风险。

（2）市场主体

从需求侧来看，电力用户并未进入到市场中来。要逐步让电力用户参与到市场竞争中来，在远期还可以加入园区、微网、虚拟电厂等新型主体；从供应侧来看，省间外送电量主要以单一电力为主，要逐步丰富电源类型，将光伏、风电等可再生能源纳入到市场中去，进一步放开各省的计划用电，协调放开方

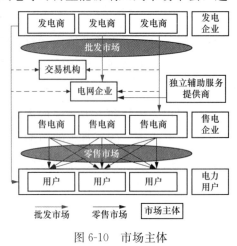

图 6-10　市场主体

式及放开比例。进一步推动风电、水电等可再生能源机组参与直接交易，保障清洁能源消纳利用。随着输配电价逐步到位，市场机制逐步完善，逐步放开全部符合市场准入条件的发电企业、电力用户、售电企业，同时鼓励分布式电源、虚拟电厂、储能、电动汽车等新兴主体参与市场交易，通过区域统一电力交易平台自由选择达成交易，如图 6-10 所示。

零售市场的新兴市场主体：可中断负荷；增量配网；园区微网；储能；电动汽车；虚拟电厂运营商；负荷集成商。

在批发—零售协同市场体系下要统筹市场交易与电网运营电力市场运营关系，通过合理界定中长期交易、现货交易中市场交易与电网运营的工作界面，优化交易中心、调控中心以及与电网企业其他业务衔接的工作流程，确保电网的安全稳定运行和市场的公开、公平、公正。综合考虑目前的体制架构和确保电网安全运行的需要，为市场主体提供统一规范的服务。

1）市场设计和规则编制：交易中心负责包括现货市场在内的电力市场体系和交易机制的整体设计，调控中心参与并侧重现货和辅助服务市场设计；交易中心负责编制中长期电力交易规则，调控中心参与并侧重安全校核、交易执行等内容；调控中心在市场规则体系框架内，负责编制现货市场规则，交易中心参与并侧重于中长期交易衔接、交易结算、信息发布等内容。

2）市场成员管理：交易中心负责市场成员管理工作。市场成员向电力交易平台提交注册申请和相关信息。

3）交易组织：中长期电力交易由交易中心负责组织；现货交易由调控中心负责组织。省间中长期交易开展前，为保证省间输电通道最大化利用，由调控中心提供省间输电通道可用输电能力，通过交易平台对外发布。现货交易申报通过交易平台受理，面向公众的现货交易信息通过交易平台发布。

4）安全校核：中长期电力交易、现货交易均由调控中心进行安全校核。

5）电能计量：建立完善覆盖电厂（机组）上网侧及电力用户售电侧的关口计量采集系统，按照结算周期要求，向电力交易平台推送结算用计量数据。按照有关电能量关口管理办法，明确主站、厂站和用户侧的建设、运行、维护、检修等各环节的工作流程和责任部门，保障计量数据的准确性。

6）交易结算：交易中心根据中长期、现货以及辅助服务交易结果、执行情况等，出具结算依据。电网企业负责电费结算和收取。

7）市场服务：交易中心负责信息发布、电力市场运行分析、市场力监测、市场主体培训等工作。调控中心负责协助交易中心开展现货交易中的市场分析、市场培训、信息发布等工作。

（3）市场周期

以中长期交易为主，利用现货交易来解决不平衡电量的交易电价，形成时段上的全周期交易。各类市场的作用如图 6-11 所示。

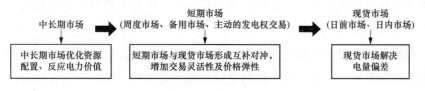

图 6-11　批发市场周期

1）年度合约电量市场：长期市场中用户对电价具有弹性，通过市场交易确定年度合同电量。

2）合同电量分解：结合检修计划、来水情况将年度合同电量分解到月。

3）月度合约电量市场/合同电量转让市场：处理年度交易中未完成的电量以及月度计划与负荷预测偏差，合同电量再分配。

4）周交易：对于省间月内不定期调整的周交易，由于提前一周的负荷预测与日前交易负荷预测的偏差不大，负荷刚性显著降低，需求侧资源能够得以引入。由此可见，周交易能够与日前现货形成互补对冲，增加交易灵活性及价格弹性。

5）制定日前计划：将月度合同电量分解到日。

6）日内市场：处理日前计划与负荷预测偏差。

7）实时市场：处理日内计划与负荷预测偏差。

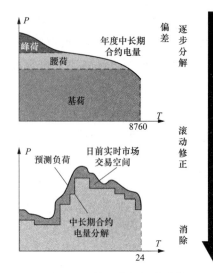

图 6-12　偏差分解与滚动修正

偏差分解与滚动修正如图 6-12 所示。

中长期交易和现货交易均为完整电力市场体系的重要组成部分。中长期交易相对固化送电量，落实国家能源战略，促进清洁能源消纳和能源资源大范围优化配置，稳定市场供需，帮助市场主体规避价格风险。现货定位于平衡中长期交易与实际负荷之间的偏差，以增量交易的方式进一步挖掘省间通道输电潜力，促进可再生能源消纳。

交易时序：中长期交易在现货交易开市前组织。中长期交易关门后将汇总形成各市场主体执行日的中长期电力交易合约，作为中长期交易与现货交易的界面及中长期交易的结算依据。

市场空间：以中长期交易为主，现货交易为补充。省间交易中，采用时序优化、增量交易的方式统筹中长期交易与现货的关系。在中长期交易合约曲线的基础上，根据可再生能源消纳需求，进一步利用输电通道富余能力组织现货交易。当清洁能源中长期交易在执行中出现偏差时，按照统一的偏差处理规则或发电权交易的方式处理。省内交易中，中长期交易根据市场主体达成的交易结果形成无约束的交易合约，现货交易根据供需形势、新能源消纳需求、电网阻塞情况和市场主体报价等组织，确保电力电量的平衡。实际执行曲线与中长期交易合约相同的部分按照中长期交易价格结算，偏差部分按照现货交易中形成的偏差调整价格结算。

售电市场交易时序年度→月度→日前→实时；零售交易在年前、月中、日前进行；其间可进行发电侧和售电侧合同电量转让交易，如图 6-13 所示。

2. 电力零售市场商业模式

（1）售电公司代理购电模式

售电公司代理购电模式如图 6-14 所示。

1）模式主体：在源网荷代理购电分为两级市场，第一级市场源网荷聚合商作为代理商进入批发市场购电，买方主体为源网荷聚合商，卖方主体为发电企业、交易机构、电网企业或各独立的售电主体；第二级市场源网荷聚合商与内部主体履行代理合同，买方主体为参与源网荷聚合的内部用户，卖方主体为源网荷聚合商。

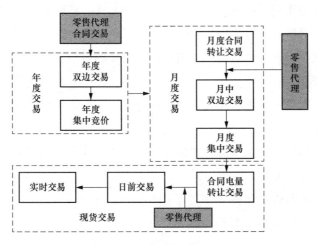

图 6-13　零售市场周期

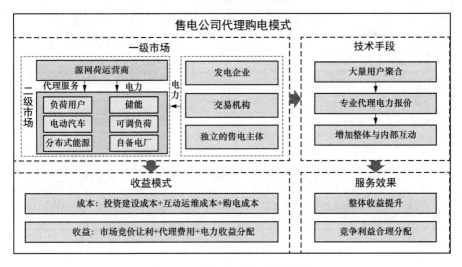

图 6-14　售电公司代理购电模式

2）技术手段：参与源网荷互动的内部主体存在对高质廉价电力的需求，但由于单个内部主体的电力需求量低，无法参与进电力批发市场，因此没有议价能力与竞争条件。源网荷聚合商通过对内部大量用户需求的集合，形成类售电公司代理大用户购电合作模式进入批发市场参与报价，以对电力市场交易的熟悉与相当的体量进行专业的报价，为内部主体争取价差，通过合理的代理模式增加源网荷互动整体与内部主体的收益。

3）服务效果：源网荷互动通过对内部需求的整合，携带大量的电力需求量进入电力交易市场在竞价中争取发电厂的让利，实现源网荷互动整体的收益。并通过固定价、中标价提成、保底＋提成、按市场结算均价的比例分成等代理模式，进行合理的利益分配，增加内部主体的收益。

4）收益模式。

成本：源网负荷交互投资建设成本；来源网络负载交互运维费用；购电成本。

收益：参与电力市场获得的竞价让利；获得的内部负荷的代理费用；不同代理模式下的获利分配。

（2）辅助服务市场交易

辅助服务市场交易如图 6-15 所示。

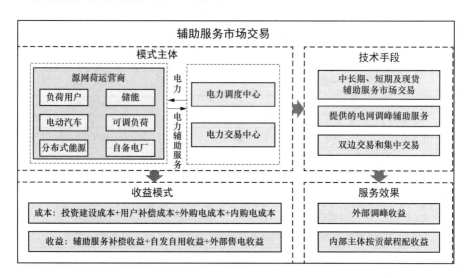

图 6-15　辅助服务市场交易

近期只有辅助服务市场政策，因此参与辅助服务市场交易是较为合适的商业模式。

1）模式主体：源网荷互动参与电力市场辅助服务，市场成员包括市场运营机构和源网荷运营商、源网荷内部资源，市场运营机构包括电力调度控制中心及电力交易中心；源网荷运营商整合内部资源，整体参与辅助服务市场。该模式的运行主体为源网负荷互动运行，参与者为源网负荷互动内部光伏电站、分布式光伏、空气源热泵、地源热泵、电动汽车充电站、移动蓄能车、大型工业负荷、商业负荷、空调等。

2）技术手段：为维护电力系统的安全稳定运行，保证电能质量，源网荷互动通过聚合各类分布式能源、柔性负荷、储能等内部主体，参与中长期、短期及现货辅助服务市场交易，按照电网调峰需求，平滑、稳定调整机组出力或改变机组运行状态或调节负荷。调峰辅助服务一般分为基本调峰服务和有偿调峰服务，源网荷互动可参与辅助服务中的可调节负荷交易。

可调节负荷在市场初期暂定义为随时可调用的，能够在弃风、弃光时段用电，为电网提供调峰服务的用电负荷项目。后期根据市场发展程度，逐步过渡为在负荷高峰时段或紧急情况下，根据系统调峰需求，通过消减用电负荷或中断用电等方式提供的电网调峰辅助服务，可调节负荷交易模式分为双边交易和集中交易。

源网荷互动可与风电、光伏企业协商开展双边交易，双边交易中双方向辅助服务平台提交包含交易时段、15分钟用电电力曲线、交易价格等交易意向，由电力调度机构进行安全校核后确认。

源网荷互动也可在辅助服务平台开展集中交易，源网荷互动向辅助服务平台申报交易时段、15分钟用电电力曲线、意向价格等内容，风电、光伏企业根据辅助服务平台发布的可调节负荷交易信息申报电力、价格。风电、光伏企业按照价格由高到低排序，可中断负荷用户按照价格由低到高排序，按照风电、光伏企业与可调节负荷用户之间正价差由大至小的顺序匹配成交，直至价差为零或某一方全部成交为止。集中交易的成交价格为最后一个匹配成交的风电、光伏企业与可调节负荷用户申报价格的平均值。

3）服务效果：源网荷互动通过参与辅助服务市场获得调峰收益。源网荷互动聚合代理各类主体后，以辅助服务供应商的角色参与市场报价，由交易中心出清后，源网荷互动聚合内部资源跟随市场指令，最终参加批发市场结算。通过协调控制优化，大大减小分布式资源并网对大电网造成的冲击，降低了分布式资源增长带来的调度难度，提高系统运行的稳定性。源网荷互动运营商通过参与调峰辅助服务，从外部电网处赚取调峰收益，按内部主体贡献程度分配收益。

4）收益模式。

成本：投资建设成本；用户参与辅助服务补偿成本；外购电成本；内部购电成本。

收益：辅助服务补偿收益；自发自用收益；外部售电收益。

（3）负荷集成商模式

负荷集成商模式如图 6-16 所示。

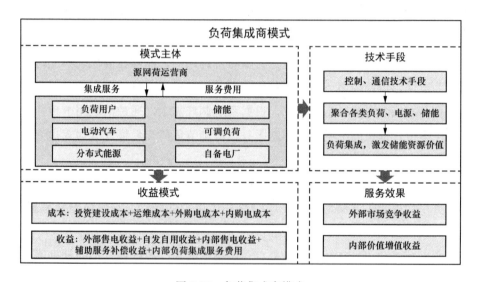

图 6-16　负荷集成商模式

1）模式主体：在此模式下，源网负荷交互与各种负荷签订合作合同，提供综合服务。运营主体为源网负荷互动运营商（综合能源服务公司），参与者为源网负荷互动内部空气源热泵、地源热泵、电动汽车充电站、移动储能汽车、大型工业负荷、商业负荷、空调等。

2）技术手段：由于单个市场主体负荷预测难度较大，因此参与辅助服务市场交易偏差较大，不能完全发挥储能的效用，因此负荷用户收益较小。源网荷互动通过先进的控制、通信等技术手段将分布式电源、储能系统、柔性负荷、电动汽车等资源进行聚合、优化、协调，从而形成一个电力市场可交易单元和电力系统可调度单元，形成负荷集成商，参与电力市场，降低负荷预测难度，减小市场交易偏差，有效激发储能资源价值，从而增加用户收益。

3）服务效果：源网荷互动通过负荷集成商模式，集成内部成员，开展辅助服务、需求响应、短期备用等三类主要电力市场业务，源网荷互动可从其内部主体处获得负荷集成参与辅助服务实现价值增值的收益，也可通过参与电力市场获得外部收益。

4）收益模式。

成本：源网负荷交互投资建设成本；来源网络负载交互运维费用；购电成本；内部购电成本。

收益：自发自用收益；外部电网售电获得外部售电收益；从内部负荷获得内部售电收益；从外部电网获得辅助服务补偿收益；内部主体向源网荷互动运营商支付集成服务费用。

（4）电力需求响应交易

电力需求响应交易如图 6-17 所示。该模式的设计理由为需求响应规则正在制定。

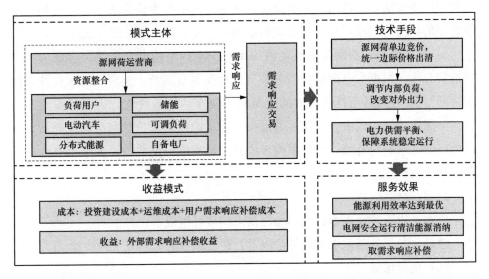

图 6-17　电力需求响应交易

1）模式主体：电力需求响应交易的运营商为源网负荷互动运营商，参与者为源网负荷互动内部光伏电站、分布式光伏、空气源热泵、地源热泵、电动汽车充电站、移动储能车、大型工业负荷、商业负荷、空调等，源网荷互动运营商整合内部资源，整体参与需求响应交易。

2）技术手段：电力需求响应是指电网运行过程中出现轻微性缺电或用电负荷较低时，源网荷运营商在特定时段通过调节内部负荷、改变对外出力等方式促进电力供需平衡、保障系统稳定运行的行为。电力需求响应交易分为削峰需求响应交易和填谷需求响应交易，交易时间为执行日提前3日，采用源网荷单边竞价、统一边际价格出清的交易方式。

当预测电网备用容量不足或局部负荷过载时，可启动削峰需求响应交易。源网负荷运营商应按照规定申报响应量、交易价格等信息。交易申报关闭后，按照从低价到高价、从第一次到最后一次的优先顺序进行结算。以最后一个交易市场主体的申报价格为统一结算价格。当所有标的物已售出或每个市场实体的申报量已完成时，交易即告完成。当预测用电负荷水平较低，电网调峰能力不能适应峰谷差及可再生能源波动性、间歇性影响，难以保证电网安全稳定运行时，可启动填谷需求响应交易。源网负荷运营商应按照规定申报响应量、交易价格等信息。交易申报关闭后，按照从低价到高价、从第一次到最后一次的优先顺序进行结算。以最后一个交易市场主体的申报价格为统一结算价格。当所有标的物已售出或每个市场实体的申报量已完成时，交易即告完成。

3）服务效果：源网荷运营商将每个客户可调节的电力资源聚合成为一个可控集合体，根据大电网运行需求和自身情况主动调节，实现"需求弹性，供需协同"，让客户甚至社会整体的能源利用效率达到最优化，为电网安全运行和清洁能源消纳提供更好保障。通过参与需求响应交易，源网荷运营商从大电网处获取需求响应补偿，再根据内部成员贡献程度分配收益，盈余可继续投资源网荷建设。

4）收益模式。

成本：投资建设成本；用户参与需求响应补偿成本。

收益：参与外部需求响应补偿收益；负荷调节的电能量节约收益。

（5）负荷预测

负荷预测如图6-18所示。

1）模式主体：源网负荷运营商与有负荷预测需求的内部主体签订负荷预测服务合同。该模式的运行主体为源网负荷运营商，参与者为源网负荷互动式内部空气源热泵、地源热泵、电动汽车充电站、移动蓄能车、大型工业负荷、商业负荷、空调等。

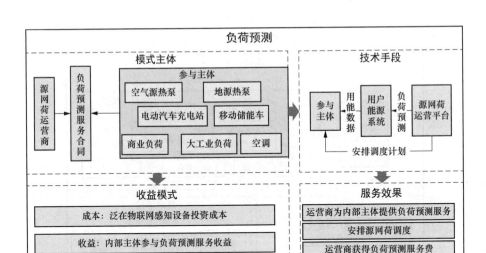

图 6-18　负荷预测

2）技术手段：使用源网荷运营平台中的主体历史和实时数据，结合系统运行特性、自然条件等，通过对负荷数据的预处理，实现不同负荷的多时间尺度预测，实现用户能源系统的日前、日内小时级和实时分钟级的冷、热、电负荷预测，支撑内部主体的用能数据，并以主体负荷预测结果安排源网荷互动在日前、日内、实时不同时间尺度下的调度计划，保持系统的稳定运行。

3）服务效果：源网荷运营商为内部主体提供负荷预测服务，提高预测精准度，可以经济合理地安排源网荷调度，保持电网运行的安全稳定性，有效降低用能成本，提高经济效益和社会效益，同时从内部主体处获得负荷预测服务费。

4）收益模式。

成本：感知设备建设投资成本；数据收集与处理成本。

收益：内部主体参与负荷预测服务收益；大数据优化服务收益。

（6）用户用能优化

用户用能优化如图 6-19 所示。

1）模式主体：能源优化的运行主体是源网负荷运营商，参与者是源网负荷互动式内部空气源热泵、地源热泵、电动汽车充电站、移动储能车、大型工业负荷、商业负荷、空调等。

2）技术手段：源网荷互动通过物联感知设备对客户用能信息进行实时采

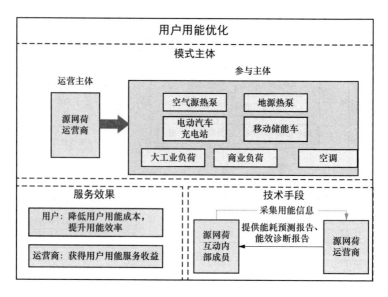

图 6-19　用户用能优化

集及用能监测，主要包括耗电、耗水、耗气及耗冷热等；通过用能客户历史用户数据、气象信息、行业经济信息及能耗预测模型、算法等综合分析，对客户能耗提供预测报告；通过用户的能源平衡分析、设备能效分析和能效对标分析等成果，为客户提供综合性的能效诊断报告，从能源利用效率的角度帮助客户发现能效异常、提高用能安全、挖掘节能潜力。

3）服务效果：通过为用户提供用能优化服务，有效降低用户用能成本，提升用户用能效率，从内部主体处获得用户用能优化服务收益。

4）收益模式。

成本：感知设备建设投资成本；维护与运行成本。

收益：内部主体参与用户用能优化服务收益；外部参与多类型市场收益。

（7）设备运维

设备运维如图 6-20 所示。

1）模式主体：设备代理运维服务的运营主体为源网负荷运营商，参与方为源网负荷互动内部光伏电站、分布式光伏、空气源热泵、地源热泵、电动汽车充电站、移动蓄能车、大型工业负荷、商业负荷、空调等。

2）技术手段：源网荷互动内部主体用电系统大多具有运维需求，源网荷运营商可运用物联网感知系统对内部主体用电设备进行实时监控。根据与内部

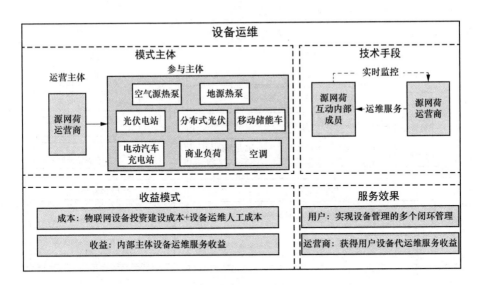

图 6-20　设备运维

主体的合同约定为其设备提供设备巡检、设备检修、设备消缺、设备状态分析等运维服务，主要设备运维包括配电设备、用电设备、变电站设备、光伏发电站设备等，从而降低用户运维难度、减少运维成本、提高规模效应。

3）服务效果：通过代运维服务，实现整个设备管理流程多个闭环管理，同时实现对设备整个生命周期的监测管理，提升用户满意度，有效降低用户运维成本的同时从用户处获得设备代运维服务收益。

4）收益模式。

成本：投资建设成本；设备运维人工成本。

收益：内部主体设备运维服务收益。

（8）能源金融服务

能源金融服务如图 6-21 所示。

1）模式主体：能源金融服务运营商是源网负荷运营商，参与方为源网负荷互动内部光伏电站、分布式光伏、空气源热泵、地源热泵、电动汽车充电站、移动储能汽车、大型工业负荷、商业负荷等。

2）技术手段：能源金融服务指以综合能源服务及新能源产业链为依托，借助金融手段，为能源客户提供相应的资源整合、价值增值等服务，包括能源金融产品资讯、能源服务智能投顾、设备经营性租赁、产权交易及金融辅助服务等。

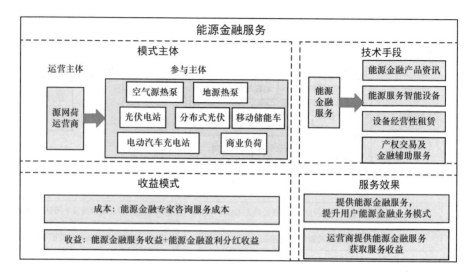

图 6-21　能源金融服务

能源金融产品资讯是以促进综合能源服务及新能源产业发展为目的，借助金融手段，为能源客户、能源服务商及能源设备等提供综合能效改造、多能互补、光伏、风电及储能等服务形成的金融产品服务信息资讯，目前的能源金融产品主要包括经营性租赁、能 e 融等。

3）服务效果：为用户提供能源金融服务，可针对企业的融资问题，创造良好的融资环境，立足于用户的多元化、差异化、专属化服务需求，提升用户能源金融业务模式，提升用户满意度。通过提供能源金融服务，获得服务收益。

4）收益模式。

成本：能源金融专家咨询服务成本。

收益：能源金融服务收益；能源金融盈利分红收益。

（9）代理报价服务

代理报价服务如图 6-22 所示。

1）模式主体：该模式的运行主体为源网负荷运行，参与方为源网负荷的内部光伏电站、分布式光伏、空气源热泵、地源热泵、电动汽车充电站、移动储能车、大型工业负荷、商业负荷等。

2）技术手段：源网荷运营商通过与用户签订代理报价服务合同，代理内部主体进行电力市场交易报价。根据用户自身情况、历史交易情况、负荷预

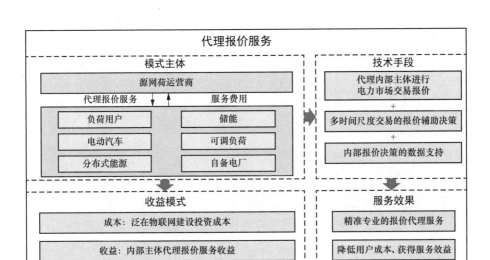

图 6-22 代理报价服务

测、发电预测以及价格约束、价格弹性、交易风险等，考虑全省经济概况、电力行业情况等，为用户提供年度交易、月度交易、日前交易等多时间尺度交易的报价辅助决策。以规避用户偏差风险，优化负荷的用电机组检修计划、内部开停机计划等，优化用户成本构成，增加用户收益，为用户内部报价决策提供数据支持。

3）服务效果：源网荷运营商利用其物联网设备，拥有坚实的数据基础，可为内部用户提供更加精准专业的报价代理服务，从而降低用户成本，同时从内部主体处获取代理报价服务收益。